観光史叢書
Series of Tourism History

山の観光史

Shuichi Takashima 高嶋修一

日本経済評論社

目　　次

〈凡例〉

・　史料引用にあたっては旧かなづかいは原典のままとし、漢字の旧字体は新字体に改めた。
・　引用文中の中略は、文をまたぐ場合は「〔中略〕」と記し、一文の内の場合は「……」と記した。
・　史料引用中、引用者による補記は〔　〕で括った。
・　地図中、駅名はひらがなで示した。

はじめに

「誰でも登れる」山の観光

　「おにのパンツ」という童謡がある。「鬼のパンツはいいパンツ　つよいぞ　つよいぞ」という歌い出しや「はこう　はこう　鬼のパンツ」というサビは、聴く者に強烈な印象を残す。テレビで最初に放送されたのは 1975 年だそうだが、最近では「スパリゾートハワイアンズ」（旧・常磐ハワイアンセンター）のコマーシャルソングにも曲が使われたので、そちらで知ったという人もいるかもしれない。

　しかしこの曲は、もともと 19 世紀末のイタリアでヴェスヴィオ山（西暦 79 年の噴火で古代都市ポンペイを滅ぼした山）に登るケーブルカー（鋼索鉄道）のイメージソング「フニクリフニクラ」として誕生した。作曲者はルイージ・デンツァ（1846-1922、図序-1）、作詞者はジュゼッペ・トゥルコ（1846-1903）である。

　かつて、山は悪魔の住むところとして人々に恐れられた。しかし近代に入ると山の風景を美しいものとして愛し、そこに登ることが心身によい効果をもたらすと考える「アルピニズム」が広がっていった。アルピニズムは厳しい心身の鍛錬を前提としたが、やがてそれを省略して山岳風景の鑑賞だけを行う観光（ツーリズム）登山が登場する。ヴェスヴィオ山は 19 世紀に観光地化し、1870 年代になるとハンガリーで路面電車を経営していたエルネスト・エマヌエーレ・オブリート（1838-1900）がケーブルカーの建設を計画した。こうして 1880 年にヴェスヴィアナ鋼索鉄道が開業した。楽曲「フニクリフニクラ」は、これにあわせて作られた。

　ヴェスヴィアナ鋼索鉄道のケーブルカーは、現在の一般的なケーブルカーの

図序-1 ルイージ・デンツァ

出典：WEB サイト　Archivio Storico
Ricordi @Ricordi&C.S.r.l. Milano,
www.archivioricordi.com/

ように２条のレールを用いるのではなく１本の
レールを用い、その台座を車輌が抱きかかえる、
跨座式モノレールのような構造であった。搬器
１両あたりの定員は車掌を含めて 15 名で、こ
れを蒸気式巻揚機で駆動した。

　ポール・スミスによれば（Smith, 1998）ケー
ブルカーは従前の登山ガイドとの間に軋轢を生
みだし、一時は妨害のため運行休止を余儀なく
されたが、ナポリからの馬車とケーブルカー運
賃、クレーターでのガイドサービスを含む包括
的な料金を設定することで和解した。1887 年
には世界初の旅行代理店として知られるイギリ
スのトーマス・クック社がケーブルカーを買収した。同社は麓の駅まで道路を
延長してアクセスを改善するとともに、1889 年にはケーブルカーを更新して
輸送力を増強した。また、麓の駅にはレストランを開業した。心身の鍛錬を目
指すアルピニズムではなく、大衆化した観光、つまりツーリズムが前景化した。

　このように、「フニクリフニクラ」という楽曲はヴェスヴィオ山をめぐる
ツーリズムの開花とともに誕生した。それがなぜ「おにのパンツ」に変化した
のかはわからない。もっとも、この曲は日本でも最初から「おにのパンツ」
だったわけではなく、1961 年に国内で紹介されたときには「登山電車」とい
う曲名だった。清野協・青木爽による訳詞は「赤い火をふくあの山へ　登ろう
登ろう」という出だしである。この楽曲が高度成長まっただなかの日本で翻訳
され広く受け入れられたのは、おそらく偶然ではない。注目したいのは、「登
山電車が出来たので　誰でも　登れる」という一節である。山はかつて、誰で
も登れるものではなかった。体力だけでなく、財力や余暇の有無、あるいは性
差などが、人々を選別した。だから「誰でも登れる」ことは、大げさに言えば
民主化や大衆化といった事柄と関連していた。後年の「秘境」ブームを経たの
ちの世に生きる私たちは、このような手軽さは逆にありがたみに欠けるような
感を覚える。しかし、この楽曲が紹介された高度成長の前半期には「誰でも登
れる」ようになることは多くのひとにとって「ありがたい」ことであったとさ

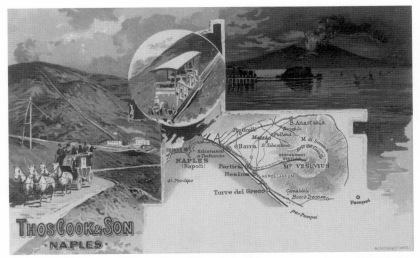

図序-2　ヴェスヴィオ山観光を図案化した絵葉書（19世紀末-20世紀初頭）

円の中はケーブルカー。地図にはナポリからヴェスヴィオ山までのルートが描かれている。

画像提供：Jackie and Bob Dunn（WEBサイト Pompeii in Pictures, www.pompeiiinpictures.com）

え言えるかもしれないのである。

　この本は、このようなヨーロッパ発祥のツーリズム、なかんずく登山をめぐるツーリズムの歴史を、日本の近現代に即してみていく。人によっては、そんな手軽な大衆文化をとりあげることに何の意味があるのかと訝しむかもしれない。そのような批判に対しては、かつて、白幡洋三郎が「楽しい」ものを歴史の研究対象として何が悪いのかと述べて反論したことがある（白幡、1996）。それは一理ある。

　しかし、同時に、それだけでは反論として十分ではない。まず、近現代のツーリズムを手軽なものとみなすのは、あくまで消費者の側からみた評価でしかない。サービス提供者の側にたってみれば、それはそんなに生易しいものではなく、少なからぬ苦労を伴う営みであったことがよくわかる。また、詳しくは後の章で述べるが、そうした楽しい物事も、よく見れば戦争や国家による動員などと表裏一体であったりする。それから、大衆文化はまぎれもなく歴史的なものである。ここで「歴史的」というのは、歴史上のある時点で生成し、そ

れゆえいつかなくなる可能性をもつという意味である。したがってそこには、同時代人には気づき難かった当時の社会の特徴がさまざまに反映されている。そしてそうした特徴は、21世紀も四半世紀が過ぎようとしているこんにち、あたりまえのものではなくなりつつある。環境やジェンダーといった問題も山岳観光にかかわるが、それらは20世紀的なものの考え方や価値観が相対化されることで「発見」されたといえる。こうしたことを考えると、「楽しい」ものごとも単に楽しいといってすませられない側面のあることがわかる。

ヴェスヴィオ山の鉄道のその後を、再びスミスによりながら見ておこう。ヴェスヴィアナ鋼索鉄道を手に入れたトーマス・クック社の経営者、ジョン・メイソン・クック（1834-99）は、ナポリからケーブルカーの麓までの鉄道建設を企図した。彼はまず標準軌間（1435mm）の蒸気鉄道を計画したが、高コストのため断念した。次にはスイスのユングフラウ鉄道に範をとり、軌間1000mmの電気鉄道を建設し、途中に25‰（バーミル）の勾配を設け、その区間のみ歯車を利用したラック式を導入することとした。急勾配により全長を短縮し、建設費を400万スイスフランから125万スイスフランへ削減したのである。ナポリからの幹線鉄道に接続するプリアノとヴェスヴィオ山麓とをむすぶヴェスヴィアナ鉄道は1903年に開業した。

山麓までの鉄道が開業したことでケーブルカーも輸送力増強が必要となり、1904年に設備をそっくり作り直して2条の軌条による軌間1000mmのケーブルカーとなった。搬器1両あたりの定員は座席18名＋立席6名となった。さらにヴェスヴィオ山の中腹に位置するエレモに25室の「エルミタージュホテル」を開業した。登山鉄道、ケーブルカー、レストラン、ホテルといった山岳観光の主たる要素をとりそろえ、トーマス・クック社のパッケージツアーでイギリスのみならずヨーロッパ中から観光客を呼び込む体制が整えられた。

しかし、その後のヴェスヴィオ山における観光は、必ずしも順風満帆とはいかなかった。1906年の噴火でケーブルカーは大きな被害を受け、3年間にわたって運休を余儀なくされた。1910年の再開時には搬器をさらに大型化し、山麓までの登山鉄道にも大型車輛を導入して受け入れ態勢を整えた。しかし、それが経営を圧迫したうえ、しばしば発生する噴火にも悩まされつづけた。わずか30年の間に二度の世界大戦が発生したことも、マイナス要因となった。

図序-3　ヴェスヴィアナ登山鉄道（絵葉書）

画像提供：Jackie and Bob Dunn（WEBサイト Pompeii in Pictures, www.pompeiin pictures.com）

イタリアは1943年に降伏し戦争から離脱したものの、1944年3月の噴火でケーブルカーは壊滅的な被害を受け、二度と復活することはなかった。

　この間、トーマス・クック社はすべての施設を売却した。経営主体はその後なんどか変転し、1950年代にはかつてのケーブルカーに代わってチェアリフトが開業した。登山鉄道のほうは1950年代まで存続したが、こちらも1955年までに少しずつ路線バスに置き換えられた。チェアリフトは1984年まで運行されたが、その後は徒歩でのアクセスに戻ってしまった。20世紀の初頭に交通機関や滞在施設を完備するにいたったヴェスヴィオ山であったが、結局は自然災害と社会状況の変化によって、観光地としてはいささかアトラクション的要素に乏しいスポットに戻ってしまったのである。

　ヴェスヴィオ山をめぐる観光施設の盛衰は、決して特殊ではない。日本でも20世紀前半に多くのケーブルカーが建設され観光地として賑わった場所があったが、戦争中に休止されそのまま復活しなかった路線も多くあった。戦後の高度成長期には交通機関や宿泊施設、行楽施設が多く整備されたが、1990年代初頭のバブル崩壊以降に廃業したところも多い。さらに近年では、火山の噴火や気候変動による集中豪雨といった災害で営業休止を余儀なくされるとこ

ろも出てきている。山岳ツーリズムは自然を相手にするものであるが、施設の営業者にとっては自然環境が安定していることが重要な条件である。しかし現実には、50年や100年の間には火山が噴火したり地形が変わったりして事業の基盤が失われることもある。また、観光をとりまく社会状況も変化する。アルピニズムが日本に入って約1世紀半、山岳ツーリズムが広がって約1世紀であるが、これは歴史的な評価をするのに十分な時間であろう。

　以下では、日本の山岳ツーリズムに関する12のテーマを取り上げていく。対象が広範にわたるため先行研究に多くを負っているが、同時に筆者自身も関係する史料を提示して学問的課題の所在を指摘することで、研究をさらに進めるためのいとぐちを示すように努めた。構成はオムニバス的なものであり、それぞれの章の間に直接の関係はない。しかし、おおむね時系列にしたがって配置してあるから、順に読み進めていただくと山岳ツーリズムの変遷をイメージしていただけると思う。

参考文献

白幡洋三郎『旅行ノススメ――昭和が生んだ庶民の「新文化」』中公新書、1996年。

Smith, Paul, "Thomas Cook & Son's Vesuvius Railway", in: *Japan Railway & Transport Review* No. 15, East Japan Railway Culture Foundation 1998, pp. 10-15.

第 1 章

アルピニズムと登山の近現代

1. 近代登山の流入

アルピニズムという思想

　山に登る行為が心身によい影響をもたらす好ましいものであるとする考え方やその実践を、アルピニズムという。近代ヨーロッパで生まれた思想であり、それまで山を登ることはそれ自体が目的となるような行為ではなく、狩猟や交易、信仰の実践、測量など、別の目的を達成するためにやむを得ず行うものであった。もちろん、近代への移行がある日突然起こったのではないのと同様に、アルピニズムも突然生まれたのではなく、少しずつ形成されていった。

　フランスの文化地理学者、オギュスタン・ベルク（1942-）によれば（ベルク、1990）、1333 年に人文学者のペトラルカがフランス・プロヴァンス地方のヴァントゥー山（1912m）に登頂したことが登攀技術上の画期であり、1492 年にフランスのアントワーヌ・ド・ヴィルが国王の命でアルプスのエギーユ山（2097m）に登頂したことが、宗教的タブーを破った画期であった。1740-50 年代になると、動植物、気候、地質、地形などの調査を目的としてスイスで登山をする者が増加した。自己と環境とを区別し、対象物を客観的に捉えうると信じ込むのは、近代人の特徴である。もともと古代ギリシャ語にもラテン語にも存在しなかった「風景」を意味する単語（フランドルの landschap, ドイツ語の landschaft, フランス語の paysage など）は 16 世紀になって現れ、18 世紀になる

と山の風景を美しいと捉える心性が成立した。

　日本学者でもあるベルクは、日本では奈良時代には山を美しいとする心性がすでに存在したという。中国の文学や絵画の影響を受けたもので、たとえば『万葉集』にも山に対する美的感動をうたった詩歌が含まれている。ただ、それらは紅葉や花や月などを鑑賞しているのであって、山岳風景自体を鑑賞しているわけではない。このような風景観は平安時代末期に確立され、基本的には明治維新まで変化しなかった。人が山深く分け入るのは、山伏のように宗教的な理由のためか、さもなければマタギ（猟師）のような特定の人々だけであった。したがって、明治維新をきっかけに西欧からアルピニズムがもたらされたことは、日本人の風景に対する考え方に一大変革をもたらしたのである。

志賀重昂の『日本風景論』

　日本におけるアルピニズムの普及に貢献した著作として知られているのが、志賀重昂（1863-1927、図 1-1）の『日本風景論』である。1894 年に初版が刊行され、ベストセラーとして改訂を重ねた。志賀は三河国で岡崎藩士の子として生まれたが、上京して攻玉社ついで大学予備門に学んだ。札幌農学校に進み 1884 年に卒業したのち、軍艦「筑波」に便乗して南太平洋などをまわるうちに国外情勢への認識を深め、1888 年に仲間とともに雑誌『日本人』を立ち上げた。初期議会期には欧化政策や藩閥政府に批判的な立場をとり、のちに進歩党に入党して政官界に入った。1900 年には立憲政友会にはいり、1902 年に衆議院議員に当選した。

　『日本風景論』は、このような経歴をもつ志賀が、日本の風景を「地理学的」に叙述しつつ国粋主義的な美意識を鼓舞するとともに、近代のアルピニズムを紹介した作品と、かつては位置づけられていた。しかし、同書に対するこうした評価はのちに大きな修正を迫られた。詳しくは後段で述べるが、まずは『日本風景論』の中身を簡単に紹介しよう。

図 1-1　志賀重昂
提供：岡崎市美術博物館

とはいったものの、実のところ『日本風景論』という本は概要を説明するのが非常に難しい。現在の我々から見るとまとまりに欠けていて、内容的な一貫性を見出すのが困難なのである。書物の前半は日本の気候、海洋、地形などについて述べており、その特徴を水蒸気の多いこと、流水の侵食が激烈なこと、海流の多様なこと、火山が多いことであるとする。こうした内容が、志賀を地理学者と評価する根拠にもなっているのであるが、叙述はそれほど体系的とはいえない。それからアルピニズムとの関連も、実はそれほど強くない。火山については、「日本国や、実に北来南来二大火山力の衝突点にあたり、火山の存在するもの無慮百七十個、しこうして全国表土の五分の一は火山岩より成る、これ日本の景物をして洵美ならしめたる主原因」（志賀、2014、93頁）と述べているが、これは山岳風景そのものについて論じているのではなく、火山岩が多いことが「洵美」な風景の形成に影響しているという話である。

　同書には、「附録」として収められた「登山の気風を興作すべし」という部分がある（図1-2）。ここで志賀は登山の準備や山中での様々なノウハウを語っており、それがアルピニズムを日本に紹介したさきがけという本書の評価につながっている。しかし多くの登山経験をもつ黒岩健によれば、記述内容から判断すると志賀自身は必ずしも登山に関する豊富な知識と経験を持っていたとは言えないという。たとえば、急な川の流れを渡るときには流されるのを防ぐため「巨石を抱いて渉るべし」と志賀は述べているのであるが、これはどう考えても危険であり、借りものの「知識」であることが明らかである。黒岩はこの「附録」を、イギリス人の人類学者フランシス・ゴルトンの書いた『旅行術』（*The Art of Travel*）からの「剽窃」であったとする（春名展生によれば1883年刊行の第7版）。黒岩は、志賀の活躍した明治前期から中期においてはこうした翻案が必ずしもルール違反とはみなされなかった事情を認めつつも、志賀の行為を厳しく批判し、明治の文明開化には一面でこのような根の浅さがあったと結んでいる（黒岩、1979）。

　大室幹雄もまた、「彼が西欧市民社会の文化の一部たる近代登山をどのくらい理解していたかは、はなはだ疑わしい」と評価している。大室は、「極く簡略化していえば、志賀の風景観、つまり風景享受の美学と作法は、江戸後期の社会で、円熟した表現を見せた山水癖の教養、同じことだが烟霞癖の文化の末

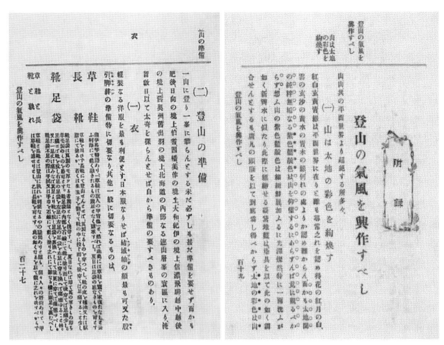

図 1-2　志賀重昂『日本風景論』

出典：志賀重昂著『日本風景論』政教社、1894 年 12 月、国立国会図書館デジタルコレクション

期ぎりぎりの現われだったのである」（大室、2003、319-320 頁）と述べ、近代の幕開けというよりは近世の最後を飾ったものであったとする。つまり、志賀の叙述はベルクのいう前近代の日本における山への観念、つまり山岳風景自体を分析的に客体化するのでなく水墨画に描いたり日本庭園に再現したりするように山や川を愛でるという態度に基づいているというのである。『日本風景論』には西洋的な地学の言葉が多用されているが、そうした外面にもかかわらず志賀はそれを消化しきれていないということであろう。大室は、志賀の思想について、「論理的にも心理的にも、かつまた現実的にも、西欧市民社会に特異な文化の一部たる近代アルピニズムにはそぐわない教養であり趣味だった」と手厳しい評価をくだしている（同、319-320 頁）。

2. アルピニズムの受容

エリートサラリーマンの登山

　しかし、『日本風景論』は間違いなく日本におけるアルピニズムの普及に貢献した。その読者たちは、それぞれの登山やそれにまつわる経験を通じてアルピニズムの思想を獲得し、内在化していったのである。その一人が小島烏水（1873-1948、図 1-3）であった。烏水は香川県生まれであったが、父親の仕事の都合で東京、ついで横浜に移り、横浜商業学校を卒業して横浜正金銀行に入行した。銀行員として勤務する傍ら、雑誌『文庫』の記者として文筆活動を行うとともに、志賀の『日本風景論』に影響を受けて 1902 年に北アルプスの槍ヶ岳登山を果たした。この年にイギリス人宣教師で日本滞在中に国内の山々に登ってアルピニズムを実践していたウォルター・ウェストン（1861-1940）と知り合い、彼の勧めに従って 1905 年には仲間たちと日本山岳会を創立している。1915 年から 1927 年にかけアメリカ合衆国に赴任し、現地で登山に親しんだ。

　先述の黒岩によれば、烏水もその活動の初期においては必ずしもアルピニズムを正確に理解していたわけではなかったが、徐々に理解を深め、日本人として最初期のアルピニストとなった。そして、山に登るだけでなく数々の山岳紀行文を執筆した。多くの時間を投入したと想像されるが、当人がエネルギッシュであっただけでなく、当時のエリート銀行員というのは比較的自由に時間をやりくりすることが許されていたのであろう。しかも、彼はこんにちでいうサラリーマンとしての栄達も実現し、アメリカで支店長を務めた。また、ここでは触れないが浮世絵や版画の収集と研究にも携わった。烏水の執筆活動は長年にわたったが、それらを少し読むだけでも 20 世紀前半の日本におけるアルピニズムの展開を窺うことができる。以下、それらを見ていこう。

図 1-3　小島烏水
所蔵：信州大学附属図書館

槍ヶ岳の征服

　1902 年 8 月、烏水は「中仙道の汽車」（現・高崎線、信越線、しなの鉄道線）で飛驒山脈の槍ヶ岳に向かった。現在であれば中央本線または高速道路の中央自動車道で向かうところであるが、当時、中央線は大月の手前の鳥沢までしか開通していなかったのである。信越線の横川－軽井沢間には、歯車を用いたアプト式の区間があった。烏水は、1893 年に開業したこの区間を通過することを意識しており、実に 26 か所も設けられていたトンネルを「太古の闇に入りたる如く」（小島、1992、31 頁、以下同様）と表現している。当時は常設の列車照明がなく、夕刻以降はランプを天井にセットしていた。長いトンネル区間における車内は真っ暗で、轟々とした音だけが響いていたのであろう。

　烏水は上田で一泊して、翌日は篠ノ井駅で篠ノ井線に乗り換えて松本へ向かった。この路線は篠ノ井から松本に向かって建設されたが、松本に達したのは烏水が乗車するわずか 2 か月前の 1902 年 6 月であった。あるいは、烏水はこの路線の開業を意識して旅行を計画したのかもしれない。彼は「平生欧人の紀行を読み、アルプス山中四十幾余の峠が、入り乱れて出頭没頭する間を、ケーブル・カアにて引き揚げらるるといふに至り、いかに興味あることならむと想ひを天外遠く馳せたること、嘗<ruby>啻<rt>ただ</rt></ruby>に一にあらざりしが、今この軌道〔篠ノ井線〕を獲て<ruby>窃<rt>ひそか</rt></ruby>に自ら慰めぬ」（36 頁）と書いている。ヨーロッパの山岳紀行文に多く触れ、ケーブルカーなどの交通機関に強い関心を抱いていたことがわかる。

　面白いのは、ケーブルカーのような近代的交通機関の利用をアルピニズムと矛盾するものとは考えていないことである。困難な登山に挑戦し心身を鍛錬することはアルピニズムの重要な要素であるが、彼は一方で文明の利器を利用することにも寛容であった。そもそも、エリートとはいえサラリーマンであった烏水は、自由に長期間の休暇がとれたわけではない。彼の登山は、鉄道が開通して目的の山の麓まで速く到達することができるようになって、初めて可能になったともいえる。

　だがこの時の烏水は運の悪いことに大雨に見舞われ、松本のひとつ手前の田沢駅で列車が止まってしまう。やむなく 10km たらずの道のりを徒歩で松本へ向かったものの、宿探しが大変な苦労であった。出水のためといってことごと

く宿泊を断られ、かろうじて遊廓の蕎麦屋（当時の蕎麦屋はしばしば性売買の場でもあった）でうどんを食べた。これが、朝に上田を出発して以来の食事である。結局、深夜になって街はずれの宿をどうにか確保した。旅先で要らぬ苦労をして惨めな経験をするというのは紀行文の定番スタイルともいえるが、これはその一つである。

　このような目に遭っても、翌日宿を出発した烏水は松本から徒歩で島々の登山口へ向かい、槍ヶ岳を征服した。なお、後年の1911年に登攀した際には松本－島々間に馬車が開通しており、これを利用している。この区間に筑摩鉄道（現・アルピコ交通上高地線）が開業したのは、1921年から翌年にかけてであった。

小島烏水の登山観

　烏水は登山という行為をどう考えていたのであろうか。「山を讃する文」（1903年）のなかで、次のように述べている。

　近来邦人が、いたづらなる夏期講習会、もしくは無意義なるいはゆる「湯治」「海水浴」以外に、種々なる登山の集会を計画し、これに附和するもの漸く多きを致す傾向あるは頗る吾人の意を得たり、しかも邦人のやや山岳を識るといふ人も、富士、立山、白山、御嶽など、三、四登りやすきを上下したるに過ぎず、その他に至りては、これを睹ること、宛ら外国の山岳の如くなるは、遺憾にあらずや。（小島、1992、130頁）

　まず、「夏期講習」や湯治、海水浴に対する登山の優越を主張している。ここでいう「夏期講習」が何を指すのかは判然としないが、学校などで始められつつあった、こんにちでいう林間学校のようなものを指すのかもしれない。湯治や海水浴は、お雇い外国人として日本に滞在したドイツ人医師のエルヴィン・フォン・ベルツ（1849-1913）が19世紀に新しい健康法として注目し広めたもので、当時の感覚では必ずしも遊興のためのものとはいえなかったのであるが、烏水に言わせればそれすらも「いたづら」で「無意義」であり、登山のみが高尚な行為なのであった。そして、登山に関心を持つ人が増えつつあるの

をポジティブにとらえつつ、それでも「富士、立山、白山、御嶽」といった「登りやすき」山を「上下」するだけの登山で満足している者が多いことを嘆いていた。日本アルプスのような難関に挑戦すべきだというのである。

　しかし日本アルプスも、その後わずか 10 年のあいだに様子が変わってくる。1913 年の「上高地風景保護論」のなかで、烏水は次のように述べている。

　　上高地は、私が明治三十五年に……槍ヶ岳へ登ったときは……温泉の湧出はあっても、今日のような宿屋は、まだ建っていなかった。〔中略〕今日では夏日になれば、登山客がこの谷に多く群集して、数十年来の谷の主、老猟師嘉門次に呆れた眼を睜らせるようになった。〔中略〕明治四十二年は、宿帳に註せられた客が千百二十人、翌四十三年は、千百九十人で、最も混雑する時は、一日に九十人位を泊めることがあったそうである、現に我参謀本部の陸地測量部が、大正元年測量したばかりの槍ヶ岳焼岳二図幅（五万分一図）を、翌年製図発行したことなどは……登山者の希望のあるところを容れた結果であろうとも推せらる（小島、1992、374 頁）

　登山客の増加に伴い宿屋が立つようになって、少しずつ大衆化が始まっている様子がうかがえる。陸軍の陸地測量部がこの一帯の地形図をいち早く発行したことについて登山者の希望に応じたものであろうと推測しているところなど、真偽のほどはわからないが、そのような推測が成り立つほど槍ヶ岳が人を集めていたということは言える。

　興味深いのは、「老猟師嘉門次」への言及である。これは上条嘉門次（1847-1917）という人物のことで、猟師のかたわら登山者の案内人を多く務めた。明治期には「数十年来の谷の主」である嘉門次の案内抜きには、烏水は槍ヶ岳に入ることはできなかった。烏水に 10 年ほど先立って日本アルプスを登攀した（そしてこの山脈に「日本アルプス」と命名した）ウェストンも、彼の案内に依った。情報が不足していたという事情もあったろうが、それよりも、よそ者が入山するには嘉門次はじめ関係者の了解を取り付けておく必要があったのであろう。山は決して無人の地ではなく、猟師や宗教者、それから樹木の伐採や枯枝・下草などの採取といった活動にかかわる人々の権利が複雑に絡み合う場で

あった（松沢編、2019）。そこに断りなく闖入する者が既存の権利者と鉢合わせたら、身の安全さえ危うかったかもしれない。

　山に対する伝統的な観念とアルピニズムとの摩擦は、山岳信仰との軋轢という形をとることもあった。いま述べたウェストンは、1892年以降飛騨山脈の笠ヶ岳に登ろうと試みて蒲田という地区で案内を依頼したものの様々な理由をつけて拒まれ、3年目にして、別の地区の人からそれが彼らの山岳信仰に抵触するゆえであったことを知らされている（ウェストン、1995）。新田次郎の小説『劒岳　点の記』（1977）も、そうした雰囲気を伝えている。これは小島烏水ら初期アルピニストたちをライバル視する陸軍参謀本部陸地測量部の測量官を主人公にしたノンフィクションであるが、作品中で彼らもまた地元の人々が劒岳を恐れて登攀を忌避するのに直面している。こうした摩擦を緩和したのは、地元に根づく案内人たちであった。

　烏水ら初期のアルピニストはこうした事情を理解していたからこそ、嘉門次を帯同し、安心して山へ入ることができたのであろう。もともと山に入っていた地元の人々は、嘉門次が烏水たちを帯同しているのを見て安心したのかもしれない。だが、登山客が増え、彼らがやがて我が物顔で山に分け入るようになったらどうだろうか。登山客は地形図やその他の情報をすでに得ている。山の資源で暮らしていた人々の権利も、あくまで慣習的なものであって必ずしも法制度で保障されたものとは限らない。世情の急激な移り変わりに、老境の嘉門次は嘆息するほかなかった。

3. 板ばさみのアルピニズム

子女老人の富士登山

　登山の大衆化は大正から昭和初期（1920-30年代）にさらに進んでいった。小島烏水は1927年に富士山に登ったが、その紀行文「不尽の高根」（1927年）は、この時期の富士登山における俗化の傾向をあえて強調しているようにみえる。たとえば次のような具合である。

私が吉田へ着いた時は午を過ぎていた。どの宿という心当りもなかったが、無作法なる宿引きが、電車の中の客席へ割り込んで、あまりにツベコベと、一つの宿屋を吹聴するので、宿引の来ない宿屋へゆくに限ると決め、電車の窓から投げ込まれた引札の中から選り取って、大外河を姓とする芙蓉閣なる宿屋へ、昼飯を食べに入った。（小島、1992、391頁）

　このときに烏水が乗った「電車」は、大月から分岐していた富士電気軌道である。これは道路上に敷設された馬車鉄道を電化したもので、1929年に開業する富士山麓電気鉄道（後の富士急行）とは異なり輸送力も小さかったが、車内に乗り込んで乗客に対して客引きをする者や、窓から引札（チラシ）を投げ入れたりする者があったように、登山客によく利用されていた。
　富士登山のベースである吉田の町では、現在でも見かけるみやげ物が売られていた。その様子は次のようであった。

　みやげ、印伝、水晶だの、百草だのを売ってる町家に交って、朴にして勁なる富士道者の木彫人形を並べてあるのが目についた。近寄って見たら、小杉未醒原作、農民芸術と立札してあった。〔中略〕町は、絶えず山から下りる人、登る人で賑わっている。さすがに、アルプス仕立の羽の帽子を冠ったり、ピッケルを担いだりしたのは少ないが、錫杖を打ち鳴らす修験者、継ぎはぎをした白衣の背におひずるを履せ、御中道大行大願成就、大先達某勧之などとしるため、朱印をベタ押しにしたのを着込んで、その上に白たすきをあや取り、白の手甲に、渋塗りの素足を露わにだした山羊ひげの翁など、日本アルプスや、米国あたりの山登りには見られない風俗である。（小島、1992、394頁）

木彫の人形は画家の小杉未醒（放庵）の「原作」というが、果たして本当であったかどうか。登山者の服装も、アルピニストのそれよりは、伝統的な修験者や巡礼者風のもの（これも本物であったかどうかはわからない）が多かった。
　アルピニズムとは一線を画すものは、山中の室（山小屋）や山頂の様子にもみられた。

富士の室は風俗史的に見て、欧米諸国の山小舎に、ちょっと類例のないものがある。〔中略〕室ごとに請わるるままに、金剛杖に焼印を押すが、不二の象形の下に、合目や岳の名を書いたり、不二形の左右に雲をあしらい、御来光と大書して、下に海抜三千二百何メートルと註してあったり、富士とうずまく雲を下に寄せて、その上に万年雪の詠句を題したものなど、通俗的の意匠が施されている。飲食も、コーヒー、シトロン、紅茶などの近代的芳香の飲料と、阿倍川もち、力もち、葛湯、麦粉などの中世的粗野なる甘味が供給される。〔中略〕頂上には旅人宿めいた室、勧工場然たる物産陳列所、郵便局、それから中央の奥宮社殿は、本殿、幣殿、拝殿の三棟に別れて、社務所、参籠所も附属している。〔中略〕奥宮を中心とする山の町である。実に日本国中、最高の町である。（小島、1992、411-418頁）

　この描写は、西欧的なアルピニズムとは別な登山のあり方が近代の日本にあったことを示している。こうした様子を烏水は、「結局富士は、探検家の山でなくて、女でも、子供でも、老人でも、心易く登れる全人類の山だ」（小島、1992、399頁）と評している。しかし、揚げ足取りのようだが裏を返せばアルピニズムは成年男子のものということになる。もちろんそれは前近代の「女人禁制」のような明示的な排除ではないが、男性中心的な発想が見え隠れすることは否めない。誤解なきようにいえば、「女・子供・老人」の登山に対する烏水のまなざしは優しいものであったし、彼自身も頂上で浅間神社の主典（神職の職名）の接待を受け、絵ハガキや案内記を贈られたり、絶頂の郵便局で電話をかけたりして楽しんだ。しかし、その態度にさえ男性優位主義が入り込む契機が潜んでいたことに、注意が必要なのである。

　なお、こうした大衆的登山への寛容な態度は、烏水に独特なものであった可能性がある。すでにみたようにアルピニストたちは「伝統的」な山岳観念を低く見る傾向があった。社会学者の赤井正二は、登山家の木暮理太郎（1873-1944）が1941年に著した『山の憶い出』のなかで、維新前の「宗教登山」においては形式が固定され毎年同じように登るのに対し「近代式文化登山」は登山技術を磨き「発達」すると主張し、その優越性を疑わなかったことを指摘している（赤井、2016、75-76頁）。

ハイキングの登場

　登山の大衆化について、ひきつづき赤井の研究に依りながらみていく。
1910-20 年代には、民間の旅行団体である「旅行団」が都市部で多数設立され
た。たとえば、1913 年に京阪神地区の人々を中心に設立された「日本アルカ
ウ会」には、在郷軍人や商工業者などといった人々が職業を問わず集まった。
1923 年には大阪旅行団聯盟会、翌 1924 年には日本旅行文化協会といった上部
団体が設立され、個々の旅行団がその下に加盟して組織化が進んだ。これらの
団体は山岳会の関係者らを招いて登山に関する講演会を一般向けに開催し、幻
燈を用いて山岳風景を見せながら登山の魅力を人々に広めた。『山岳』や『旅』
といった雑誌も創刊され、読者に登山へのあこがれを抱かせた。

　赤井によれば、都市住民が結成した旅行団は、近世の巡礼団であった「講」
とは異なり、宗教的動機や共同体との結びつきが希薄であった点で、近代的な
アルピニストたちと共通していた。そうであるがゆえに、旅行団の講習会でア
ルピニストたちが講演を行うといった協力関係も成立しえたのである。しかし、
先ほども述べたようにアルピニストのなかには大衆化した登山のありように批
判的な者もあった。赤井は、1929 年の山岳雑誌に掲載された次のような意見
を紹介している。印象的な史料なので、筆者も原典を確認したうえで以下に再
引用したい。

　　徒歩会、アルカウ会以下の「登山団体」を形成してゐる多数の登山者は……
　　スポーツ的アルピニズムの洗礼を受けてゐない人々であり、軽い信心家とし
　　て、又、古物鑑賞家としてお寺に「山登り」もするし、静観的自然鑑賞家と
　　して琵琶湖に「登山」し、破壊的自然鑑賞家として吉野山の花に「登山」も
　　するのである。〔中略〕徒歩会、アルカウ会以下の会の大多数の人々は、
　　……「山」といふものに就て、山登りと云ふものに就て……素朴極まる「登
　　山家」なのである。（水野、1929）

　これを書いた水野祥太郎（1907-84）は当時、大阪府立医科大学の学生であっ
たが、のちに医師となり、登山家としても活躍した。その彼に言わせれば、大
衆の旅行団による登山はアルピニズムを深く理解しない無思想のものであると

いうのである。小島烏水は大衆的登山にわりあい寛容であったが、それより30歳以上年少の水野の態度は厳格である。これが、単なる性格の違いか、あるいは当時の水野の22歳という若さのせいなのか、それとも世代差に由来するのかは、わからない。ただ、一つ言えるのは小島烏水も水野祥太郎も、ともに当時の社会のエリートであり、時間も資金も比較的自由に使えたということである。先に烏水は勤務の合間に時間をやり繰りしていたと述べたが、それでも彼のようなホワイトカラーのサラリーマンは月給が保証されており、時間の制約から自由なほうであった。

　アルピニズムの実践には時間とお金がかかる。遠くへ移動して現地で長期間宿泊する必要があるし、大がかりな装備も揃えねばならない。予定通りに帰ってこられないことが多いから、仕事を休むとただちに生活に支障が出る人、つまり自営業者や日給月給あるいは日雇いで仕事をする人には難しい。さらに言えば、アルピニズムを突き詰めれば突き詰めるほど自らを危機にさらすことになるが、そんなことは、家族に十分な資産を遺せる人か、あるいは養うべき家族をもたない人でなければなかなかできない。要するに、真にアルピニストたり得るのは、相当に裕福な人々に限られるのである。こうした事情は現在でもあまり変わらないのではないだろうか。社会的地位の高いアマチュア登山家が遭難したというニュースを耳にすると、なぜそんな人があえて危険を冒すのかと一瞬思ってしまうが、豊かだからこそ危険な登山に挑戦できるのである。

　これに対して、大衆の旅行団はエリートのアルピニストに指摘されるまでもなく、自分たちの行っていることの意味を理解していた。赤井によれば、アルカウ会の会則は、その活動を「毎月二三回各日曜日ニ僅少ナル費用ヲ以テ主トシテ近畿ノ山岳ニ登リ其内一回ハ特ニ阪神手近ノ山野ヲ選ムモノトス」（日本山岳会、1917、213頁）と規定しており、もとより手軽なハイキングを志向していたという。東京野歩路会などは、1930年に「近頃やかましくいわれるアルピニズムの本質問題にふれてゐやうが、ゐまいが月に一度か二度の休みしかとれない実業登山者群の関知した処ではない」（山と渓谷社、1930、39頁）と評価されるほどで、アルピニズムとの決別は明瞭であった（赤井、2016、78-79頁。原典は筆者も確認）。

　このように、アルピニズムは、その成立期には新しい思想として山岳に対す

る伝統的な観念との間に摩擦を生みだしたが、やがて登山が大衆化して自己の心身の鍛錬ではなく手軽な行楽として山登りを楽しむ、いわばツーリズムとしての登山が広まると、それとの摩擦を惹起した。いわば、近代が前近代と現代に挟まれたような恰好といえよう。

それでアルピニズムは消滅したわけではなかったし、登山を自己目的化する思想は山岳ツーリズムの根底に生きつづけた。ハイカーとアルピニストの境界も、必ずしもはっきりとしたものではなかったであろう。つまり、登山のありかたは多様化していったのである。

参考文献・史料

日本山岳会「雑録各地登山会彙報（5）」『山岳』第11年3号、1917年

水野祥太郎「午後三時の山」『R. C. C. 報告』第3輯、1929年

山と渓谷社「登山団体の組織と批判」『山と渓谷』創刊号、1930年

黒岩健『登山の黎明——「日本風景論」の謎を追って』ぺりかん社、1979年

ベルク、オギュスタン著、篠田勝英訳『日本の風景・西欧の景観——そして造景の時代』講談社現代新書、1990年

小島烏水著、近藤信行編『日本アルプス——山岳紀行文集』岩波文庫、1992年

ウェストン、ウォルター著、岡村精一訳『日本アルプス——登山と探険』平凡社ライブラリー、1995年

大室幹雄『志賀重昂『日本風景論』精読』岩波現代文庫、2003年

新田次郎『劔岳 点の記』文春文庫版、2006年

志賀重昂『新装版 日本風景論』講談社学術文庫、2014年

赤井正二『旅行のモダニズム——大正昭和前期の社会文化運動』ナカニシヤ出版、2016年（うち第二章「山岳美の発見と旅行団——大正昭和初期の登山ブーム」）

松沢裕作編『森林と権力の比較史』勉誠出版、2019年

春名展生「国粋主義者の誕生——志賀重昂の思想形成に関する一考察」『東京外国語大学国際日本研究』1巻、2021年

第2章

ケーブルカーと登山

1. ケーブルカーで楽な参詣

ケーブルカーの登場と普及

　ケーブルカーは法制度上、鋼索鉄道といい、鋼製のケーブル（鋼索）で搬器（車体）を牽引して走行する方式の鉄道である。車輪とレールの摩擦力で走るのではないため急勾配に適している。英語で cable car というと、常に循環している鋼索を搬器が掴んだり放したりすることでそれぞれの搬器を個別に制御する循環式ケーブルカーを指す場合が多い。サンフランシスコで路面電車のように用いられているものが有名である。日本では 1989 年に開催された横浜博覧会で会場内を移動するための「動くベンチ」として出品された SK というシステムが、期間限定ではあるとはいえ法律上の「鉄道」として営業した唯一の循環式ケーブルカーであった。

　だが、日本で一般的なのは交走式ケーブルカーで、英語では funicular（ファニキュラー）と呼ぶことが多い。2 台の搬器をつるべ井戸のように結び、交互に上下させるものである。搬器が 1 台の場合は、一方にカウンターウェイトを取り付ける。通常は斜面上部に巻き揚げ機を設置して機械力で動作させるが、搬器に取りつけた水槽に水を貯めたり排出したりして重量バランスを操作することで動作させるものもある。ヨーロッパでは、都市内の急斜面や断崖を上下したり山岳地帯で地域住民が日常的に移動したりするのに交走式ケーブルカーを用いる場合があ

表2-1　日本のケーブルカー開業一覧

番号	開業年月	事業者	区間	都道府県	キロ程
1	1918.8	生駒鋼索鉄道	鳥居前－宝山寺	奈良	1.1
2	1921.12	小田原電気鉄道	強羅－早雲山	神奈川	1.2
3	1922.5	信貴生駒電気鉄道	山下－信貴山	奈良	1.7
4	1925.1	摩耶鋼索鉄道	高尾－摩耶	兵庫	0.9
5	1925.10	筑波山鋼索鉄道	宮脇－筑波山頂	茨城	1.6
6	1925.12	京都電灯	西塔橋－四明ヶ嶽	京都	1.3
7	1925.8	妙見鋼索鉄道	滝谷－妙見山	兵庫	1.4
8	1925.8	朝熊登山鉄道	平岩－朝熊岳	三重	1.1
9	1926.6	男山索道	八幡口－男山	京都	0.4
10	1927.1	高尾登山鉄道	清滝－高尾山	東京	1.0
11	1927.3	比叡山鉄道	坂本－叡山中堂	滋賀	2.0
12	1927.8	天橋立鋼索鉄道	府中－傘松	京都	0.4
13	1929.2	中国稲荷山鋼索鉄道	奥ノ院－山下	岡山	0.4
14	1929.3	大阪電気軌道	宝山寺－生駒山上	奈良	1.1
15	1929.4	屋島登山鉄道	屋島神社前－屋島南嶺	香川	0.8
16	1929.7	愛宕山鉄道	清滝川－愛宕	京都	2.0
17	1929.9	関東鋼索鉄道	新伊香保－榛名山	群馬	2.0
18	1929.9	別府遊園鋼索鉄道	雲泉寺－乙原	大分	0.3
19	1930.12	信貴山電鉄	信貴山口－高安山	大阪	1.3
20	1930.6	箸蔵登山鉄道	赤鳥居－仁王門	徳島	0.4
21	1930.6	高野山電気鉄道	極楽橋－高野山	和歌山	0.9
22	1931.2	八栗登山鉄道	八栗登山口－八栗山上	香川	0.7
23	1931.8	大山鋼索鉄道	追分－下社	神奈川	0.7
24	1932.3	六甲越有馬鉄道	土橋－六甲山	兵庫	1.7
25	1932.8	日光登山鉄道	馬返－明智平	栃木	1.2
26	1934.12	御岳登山鉄道	滝本－御岳山	東京	1.0
27	1951.8	丹後海陸交通	府中－傘松	京都	0.4
28	1954.11	筑波山鋼索鉄道	宮脇－筑波山頂	茨城	1.6
29	1954.8	立山開発鉄道	千寿ヶ原－美女平	富山	1.3
30	1954.8	新宮観光	丹鶴－二の丸	和歌山	0.1
31	1955.12	京阪電気鉄道	男山－八幡宮	大阪	0.4
32	1956.10	駿豆鉄道	十国登り口－十国峠	静岡	0.3
33	1957.1	鞍馬寺	山門－多宝塔	京都	0.2
34	1957.11	帆柱ケーブル	尾倉公園－帆柱山	福岡	1.1
35	1957.11	伊豆箱根鉄道	駒ヶ岳登り口－駒ヶ岳頂上	神奈川	0.7
36	1957.7	赤城登山鉄道	利平茶屋－赤城山頂	群馬	1.0
37	1960.2	なかや旅館	浦島－乙姫	京都	0.1
38	1960.4	兵衛旅館	万年－向陽	兵庫	0.1
39	1960.4	能勢電気軌道	黒川－ケーブル山上	兵庫	0.6
40	1961.8	浦島観光	赤島－狼煙山	和歌山	0.1
41	1964.12	八栗ケーブル	八栗登山口－八栗山上	香川	0.7
42	1965.10	大阪観光	山下－山上	大阪	0.1
43	1965.7	大山観光電鉄	追分－下社	神奈川	0.8
44	1969.7	立山黒部貫光	黒部湖－黒部御前	富山	0.8
45	1988.7	青函トンネル記念館	青函トンネル記念館－体験坑道	青森	0.8

注：事業者名は原則として開業時のものを採用したが、一部は開業後に改称したものを用いた。
出典：和久田康雄『鉄道ファンのための私鉄史研究資料――1882 to 2012』電気車研究会、2014年

廃止年	備考
1983	
	1944-55 休止
1944	
1944	
1962	1944 休止
1944	
	1944-49 休止
	1945-46 休止
1944	
1944	
2005	1944-50 休止
1944	
1966	1944-61 休止
	1944-50 休止
	1944-57 休止
1944	
1960	1944 休止
1944	
	1944-45 休止
1970	
	1943-51 休止
	12 番の復活
	5 番の復活
1994	1981 休止
2005	
1968	1967 休止
1971	
1980	
2023	7 番の復活（一部）
1976	
	22 番の復活
1993	
	23 番の復活

る。

日本では都市部でケーブルカーが用いられることはほとんどなく、大部分が登山用である。これまで建設された営業用のケーブルカーは全部で 45 路線あり、第二次世界大戦前に建設されたものが 26 路線、戦後に建設されたのは 19 路線である。ただしそのうち 5 路線は戦時中に廃止されたものの復活であった（表 2-1）。2024 年 4 月現在、表中の 23 路線が営業を続けている。戦後の一時期、断崖に建てられた温泉旅館などで上下移動のために設けられたケーブルカーが地方鉄道免許を取得して制度上の「鉄道」となる事例があった。しかしそれらは現在では廃止され、現存するものはすべて営業用の鉄道ではなくあくまで敷地内の私的な移動用設備（エレベーターなどと同様）として扱われている。

地理学者の卯田卓矢によれば、戦前に開業したケーブルカーの多くが霊山を対象としていたことも大きな特徴で、その数は 20 にのぼるという。しかも、そうしたケーブルカーは関東よりも京阪神および四国東部に集中していた（卯田、2014a）。その理由をきちんと説明するには具体的にひとつひとつの事例を分析する必要があるが、大雑把にいえば京阪神においては都市の近隣に山地が多いという地形上の理由を挙げられるように思われる。後述するように、西日本の寺社が積極的に参詣客を取り込もうとして、ケーブルカーの運行会社に出資するなどの行動に出るケースもあった。

生駒山のケーブルカー

日本で最初のケーブルカーは 1918 年に開業した

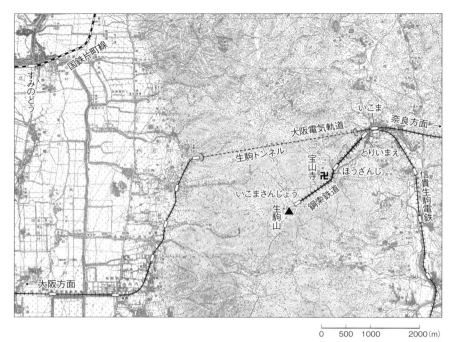

地図 2-1　生駒山と関連する鉄道

出典：陸地測量部 2 万 5000 分の 1 地形図「大阪東南部」1933 年 3 月、「信貴山」1932 年 5 月、「大阪東北部」
　　　1932 年 10 月、「生駒山」1932 年 10 月を加工（いずれも発行年月、以下同様）

生駒鋼索鉄道で、現在も近畿日本鉄道（近鉄）の生駒鋼索線として営業している（地図 2-1）。営業距離は 0.9km、高低差 146m で、最急勾配は 222 ‰ （水平方向に 1000m 進むと垂直方向に 222m 移動する勾配）である。生駒鋼索線が敷設されている生駒山は大阪府と奈良県の間に位置する生駒山地の主峰で、標高は 642m である。17 世紀の後半に創建された宝山寺は生駒 聖 天とも呼ばれ、近世より大坂（近代以降は大阪）の商人たちの信仰を集めてきた。ここでは、鈴木勇一郎の研究に依拠しながら 20 世紀前半における生駒山への参詣登山の展開を見ていく（鈴木、2007）。

　大阪から生駒方面へ向かう最初の鉄道は、1895 年に片町 – 四 条 畷 間を開業した浪速鉄道（現・JR 片町線）であった。同社の 住 道駅が生駒山へ参詣する人びとに利用されるようになったが、それでもここから宝山寺までは中垣内

峠を経て山道を含む 10km 以上の道のりであり、最寄り駅というには遠すぎて日常的に参詣することはできなかった。

生駒山を大阪の人々にとって身近にしたのは、1914 年に上本町－奈良間を開業した大阪電気軌道（大軌、現・近畿日本鉄道）であった。それまでも大阪と奈良を結ぶ鉄道として 1892 年に開業した大阪鉄道（現・JR 関西本線）があったが、生駒山地の南を迂回するルートをとっていたことから生駒山へのアクセスには適当でなかった。これに対し後発の大阪電気軌道は全長約 3.4km の生駒トンネルを掘削して生駒山地を一直線に貫くルートをとった。技術的にも経済的にもトンネルの長さはできるだけ抑えるほうが望ましいが、そのた

図 2-1　生駒山鋼索鉄道
（絵葉書）

所蔵：筆者

めにはなるべく高い位置まで列車が山を登る必要がある。そうなるとトンネルの前後には急勾配が必然的に生まれるが、大軌は最初から蒸気機関車よりも登攀力の強い電車を採用したので、これが可能になった。

大軌は生駒駅を設置して積極的に参詣客を誘致した。宝山寺の側も、大軌の開業にあわせて生駒駅から宝山寺までの参道を新設し、それを表参道とした。停留所前には大きな鳥居が建った。境内においても、道路幅が 1 間半（約 2.7m）から 3 間に拡張されるとともに、建物も新築された。もともと茶店くらいしかなかった生駒駅周辺では、芸妓営業も許可されるようになり、表参道沿道に 100 軒近い店が立ち並んで花街が形成された。

こうした状況のなかで生駒鋼索鉄道が建設された（図 2-1）。もともとは奈良県内に在住する人々が大軌の建設にあわせて計画したもので、同社線開業に先立つ 1913 年には免許を取得していた。しかし、資金調達がうまくいかず大軌に出資を仰いだことから、早い段階で大軌の影響下に入ったのである。ケーブルカーができれば表参道を歩く人が減るから、沿道の店の経営者とは利害が一致しない。このように様々な立場の人がばらばらに参詣ルートの整備を試みたことが、地元社会との関係がもともと希薄であった宝山寺の特徴であった。

こうした摩擦が激化したのが、大軌と生駒鋼索鉄道との合併問題であった。両社は1921年10月に合併契約を締結したのであるが、それにより連絡輸送体制が強化されれば徒歩での参詣客はますます減少し参道沿いは衰退してしまうとして、抵抗が発生したのである。参道に立ち並ぶ店の帰趨は、同年2月に町制を施行したばかりの生駒町の財政にも大きな影響を及ぼすようになっていた。しかし、宝山寺は生駒鋼索鉄道の大株主であり、同社社長で大軌役員も務めていた鍵田忠次郎という人物は奈良県における政友会の有力者であったから、大勢は覆らなかった。こうして両社は1922年に合併した。

　大軌は生駒鋼索線への設備投資を強化し、1924年には並行してもう一組の路線を建設することで複線化を図った。大軌はさらに生駒山の中腹に位置する宝山寺から生駒山頂までの路線を建設することを決定し、1929年に開業した。あわせて生駒山上遊園も開設し、飛行塔をはじめとする遊具を設置した。宝山寺表参道沿いが成人男性客を相手にした空間であり性売買も行われたのに対し、山上は家族連れのための空間であった。

　1930年代に入ると、大軌はドイツ人建築家のブルーノ・タウト（1880-1938）に依頼して生駒山上にコテージからなる「山上都市」を建設することを計画し、あわせて自動車専用道路の建設を構想した。山上都市は実現しなかったが、道路のほうは「信貴生駒スカイライン」として第二次世界大戦後の1964年に開業することになる。

　このように、近代の生駒山におけるケーブルカーの建設やそれを利用した登山は、アルピニズムとはかかわりを持たずに展開した。

比叡山への交通路

　次に、先述した卯田の研究に拠りながら比叡山のケースをみていく（卯田、2014b、2015）。比叡山は、京都府と滋賀県の間にまたがる標高848mの山である。8世紀の終わりに伝教大師最澄が開き、9世紀に当時の元号からとった「延暦」の寺号を用いるようになった。現在では京都府側からも滋賀県側からもケーブルカーやロープウェイ、バスなどで登ることができ、自動車道も整備されている。だが前近代はもちろんのこと、近代においても両大戦間期までの比叡山はアプローチしやすい場所ではなかった。

そんな延暦寺にとって大きな画期となったのが、1921年の遠忌法要である。開祖最澄が入滅して1100年忌にあたるこの年の3月、三井寺－叡山間に江若鉄道が開業した。三井寺駅は他線と接続していなかったが、近くには琵琶湖の汽船が発着する浜大津の桟橋や大津電車軌道（現・京阪電気鉄道石山坂本線）の浜大津駅があった。1925年には自ら新浜大津駅まで延伸し、接続を改善している。延暦寺は江若鉄道に強い関心を示し、発行済株式8万株中の3500株以上を取得した。実は、延暦寺には参詣客を集めねばならない事情があった。これより少し前の1897年に天台宗全体を包括する天台宗務庁と延暦寺が分離して、一種の独立採算を求められるようになっていたのである。

遠忌法要の期間中には多くの人々が参拝したことから、延暦寺はさらに5年間の報恩伝道をおこなって参詣客を誘致することとした。これと前後して、山麓から山腹にアプローチするケーブルカーの計画が京都府側と滋賀県側の双方から浮上した。比叡山は「全体」が延暦寺の境内とされており、明治維新で政府に取り上げられた寺領も20世紀初頭には9割が返還されていた。そこに鉄道が敷設されるとなれば関心をもつのは当然であった。

滋賀県側の坂本からは、大津電車軌道、比叡鋼索鉄道、叡山電気鉄道の3つの計画がもちあがり、境内地への線路敷設や駅の設置を延暦寺に対して請願した。これらはのちに合同して比叡登山鉄道となった。延暦寺はこの間、用地の提供方法やルート選定、企業経営への関与の方法などについて会社側と交渉をもったが、鉄道事業に関する知識や情報を欠いていたため、先行する生駒ケーブルや信貴生駒電鉄の東信貴ケーブルを視察することで自らの態度を決定する助けとした。

興味深いのは、延暦寺側が一度は境内の中心的施設である根本中堂に近い五智院に駅を設置するよう会社側に働きかけたものの、結局はやや離れた場所に設置するよう態度を翻したことである。表向きは霊山の「風致」が害されないようにするためと説明されたが、一方で同寺は信貴生駒電鉄の技師であった桜井富雄に調査をさせて地形やコストに問題があるとの報告を得ていたともされている。

比叡登山鉄道は1924年に免許を取得し、1927年3月に比叡山鉄道として開業した（地図2-2）。これに先立つ同年1月、大津電車軌道あらため琵琶湖鉄道

地図 2-2　1920 年代末の比叡山と交通手段

出典：陸地測量部 2 万 5000 分の 1 地形図「草津」（1930 年 5 月）、「京都東北部」（1932 年 12 月）を加工

汽船が坂本までの路線を開業しており、ケーブルカーの駅からはやや距離があったものの一貫輸送ルートを形成した。ケーブルカーの駅をあえて鉄道駅から離したのは、ケーブルカーの距離をなるべく短くしたいという技術的な問題もさることながら、乗り換え途中の参道に門前町が形成されることを期待した可能性もある。琵琶湖鉄道汽船は、1929 年に京阪電気鉄道に合併された。

　一方、京都から比叡山への鉄道建設を試みたのは、京都電燈による「叡山電気鉄道」であった。同社は京都市街北部の出町柳－八瀬間の平坦線（普通鉄道）と、八瀬－四明ヶ嶽間の鋼索線を計画し、1925 年 9 月に平坦線を、12 月に八瀬ケーブル線を開業した。これにより、京都市内と延暦寺の間は 3 ～ 4 時間で往復することが可能になった。京都電燈は八瀬駅周辺に遊園施設を建設して温水プールや動物園などを設けたほか、四明ヶ嶽駅から四明ヶ嶽（四明岳）山頂にかけての沿道にも運動場を開設し、さらにホテルなどの建設も計画した。延暦寺はこうした動きを基本的に歓迎しつつも、煙草の火の不始末を案じたり来訪者の喧騒に悩まされたりするようになった。これらの用地は延暦寺の境内にかからなかったため、延暦寺と会社との直接交渉がないまま開発が進められ、寺院側は受身の姿勢を採らざるを得なかった事情もあった。1928 年 10 月には高祖谷－延暦寺間のロープウェイ（図 2-2）も開業し、これらを乗り継いで京都方面から延暦寺を経由して坂本方面に抜けることも容易になった。こうして、比叡山は 1920 年代末には 1 か月平均 10 万人以上が訪れるようになった。

　延暦寺側では、これらの新しい交通機関に接続する参道の整備を行った。ま

た、森林火災に備えて貯水池を整
備したり、参詣客が多数来訪して
混雑する根本中堂付近から建物を
移築したりした。さらに、境内全
体のゾーニングも行った。一般の
参詣客が来訪することを前提とす
る「保勝地」と、開発を抑制する
「霊域地」との区別を設け、後者
では無断露店などの出店を厳しく
取り締まった。1930年には文部

図2-2　比叡山のロープウェイ（絵葉書）
所蔵：筆者

省が延暦寺所有地の「比叡山鳥類蕃 殖 地」を天然記念物に指定した。

2. 楽じゃないケーブルカー経営

摩耶ケーブルの事業環境

　ここまで、「門前町」の形成や寺院側の動向に着目した研究に拠りながら初
期のケーブルカーについてみてきた。次は、ケーブルカーを運行する事業者の
経営がどのようなものであったのかをみる。事例として摩耶山にケーブルカー
を建設した摩耶鋼索鉄道をとりあげ、史料には同社の営業報告書を用いる。

　摩耶山は六甲山地の中央にあり（標高702m）、山上から神戸の街並みを見下
ろすことができる。ここに敷設されている摩耶ケーブル線は、もともと1925
年に摩耶鋼索鉄道が開業した。1995年の阪神・淡路大震災で被害をうけ長期
にわたり運休したが、経営主体を変えて2001年に復旧した。ケーブルカーは
麓から山の中腹まで高低差312mを登り、その先は摩耶ロープウェイが接続し
て山頂近くまで到達することができる。ロープウェイは戦後の1955年に開業
したもので、戦前はケーブルカーのみであった（地図2-3）。

　摩耶山には7世紀半ばに開創された忉利天 上 寺があり、のちに空海が釈迦
の母である摩耶夫人の像を奉安したことからこの山が摩耶山と呼ばれるように
なったという。しかし、天上寺は山頂付近にあり、戦前においては交通至便と

地図 2-3　摩耶山と関連交通機関

出典：陸地測量部 2 万 5000 分の 1 地形図「神戸首都」1930 年 12 月発行を加工

はいいがたかった。そのため、摩耶鋼索鉄道の利用者は必ずしも参詣を目的と
していたわけではなかった。

　摩耶ケーブルは 1925 年 1 月に開業したが（図 2-3）、開業前を含め最初期の
経営状況を示す史料は今のところ見出すことができない。同年 6 月から 11 月
について報告した 1925 年度下期営業報告書によれば、状況は次のようであっ
たという。

　本期始メハ恰モ梅雨期ナルヲ以テ稍々寂寥ヲ呈シタルモ夏期ニ入ルニ従ツテ
漸次好況ニ転シ特ニ盛夏ノ候ニ於テハテント村及納涼余興等ヲ開催シ秋ニハ
茸狩ヲ催ス等登山者ノ吸集ニ努メタル結果著シク乗客ノ増加ヲ来シ……

開業以来自動車三両ヲ使用シ居
リタルモ輸送力不充分ナリシヲ
以テ夏期ニ入リ更ニ二両ヲ増車
シケーブル線乗客ノ約半数ヲ輸
送シ得ルニ至リ良好ノ成績ヲ収
メツヽアリ

前期末開業シタル摩耶食堂ハ登
山者一般ニ好人気ヲ以テ迎ヘラ
レ……夏期テント村ノ施設亦時
期、場所共ニ宜シキヲ得タルト
新聞社ノ宣伝多大ノ効ヲ奏シ其
宿泊総人員ハ二千五百人ニ達シ
タリ

摩耶山のシーズンは夏から秋にか
けてであり、山上で「テント村」
を営業してキャンプ客を誘致した
りイベントを開催したりしたほか、
秋にはキノコ狩りで誘致をしたこ

図2-3　摩耶ケーブル（絵葉書）
所蔵：筆者

と、ケーブルカーだけでは輸送力不足のためバスも用いたこと、食堂を営業し
ていたこと、それらを新聞で宣伝したことが書かれている。ついでながら、こ
うした山上の景観は自然そのままではない。「摩耶停留場附近及沿線ニ桃桜楓
等数百本ヲ植込ミ風致ノ増進ヲ計」った結果であった。
　では、冬から春にかけてはどうか。1926年上期の営業報告書からその様子
をうかがってみよう。

本期間ハ厳冬ノ候ヲ含ミ登山ニハ不向ノ季節ナルニ依リ特ニ諸種ノ機会ヲ利
用シ宣伝ニ務メ且ツ自働車線ヲ延長シテ神戸市電トノ連絡ヲ完全ナラシムル
等乗客ノ吸集ヲ計リタルモ何分一般不景気ノ影響ト三春行楽ノ好時期ニ於テ

気候不順ナリシ為メ登山者以外ニ少ナク……

摩耶停留所附近所有地約二百坪開拓一部ニ児童遊戯具ヲ設備シ各所切取面土留石垣等保護工事ヲ施行シ桜、楓等観賞樹数百本ヲ植付タリ

どの山でも同じであろうが、冬季は気候が厳しいため客足が遠のくのは避けられない。バスの運行区間を延伸して神戸市電との接続を図りアクセスの改善に努めたが、期待した三春（旧暦正月から3月）の時期も天候不順がたたり登山者は伸びなかった。この種の鉄道は、需要に季節波動があるうえに天候の影響も大きく、事業環境が不安定であったことが窺える。仮に初詣などで旅客誘致をすることができれば、閑散期に気候と関係なく一定の利用を見込むことができるはずであるが、ここではそうした施策の形跡はみられない。「児童遊具」を設置し植樹を続けて景観を整備しているが、これもすぐに効果を発揮するようなものではなかったのではないだろうか。

　このような需要の波動性の影響は、表2-2に示す各期の営業成績にも明瞭に表れていた。冬季を含む上期と夏季・秋季を含む下期とでは、毎年度とも明らかに上期の成績が悪い。

摩耶ホテル開業とライバル神戸市営バス

　1930年度上期の摩耶温泉開業は、こうした状況を打開するための策であった。この期の営業報告書には「摩耶山上ニ於ケル温泉場、旅館、食堂等開業以来著シク登山者ヲ増加」と記されており、オフシーズンにはこうした施設で旅客を誘致したのである。ここでは「旅館」と記されているが、これは今北乙吉の設計にかかる西洋建築で、「摩耶ホテル」と呼ばれた。こうした兼営事業を展開する手法は、両大戦間期に発展した都市の電鉄会社に典型的にみられたものである。摩耶鋼索鉄道の大株主は阪神電気鉄道（阪神）であり、発行済株式4万株のうち1万3000株を有していた。なお、1931年度下期には4万株のうち阪神が1万5290株、ライバルの阪神急行電鉄（阪急）が1万1125株を保有しており、阪神間の輸送で激しく競争していた両社がここでは協力関係に立っているのが興味深い。

表 2-2　摩耶鋼索鉄道の営業成績

（単位：円）

年度	収入				支出				当期損益
	鋼索線	自動車線	摩耶温泉	合計	鋼索線	自動車線	摩耶温泉	合計	
1925 下	58,354	30,364	——	93,095	38,017	25,640	——	67,477	25,618
1926 上	35,047	15,935	——	57,041	26,407	24,926	——	56,392	650
1926 下	50,217	26,960	——	82,169	30,475	38,416	——	81,537	633
1927 上	39,365	18,953	——	60,523	20,334	21,627	——	49,410	11,114
1927 下	47,785	33,426	——	85,622	24,854	32,734	——	66,861	18,761
1928 上	32,275	31,611	——	65,841	21,173	26,506	——	53,691	12,151
1928 下	43,761	47,052	——	94,709	23,597	40,027	——	74,600	20,109
1929 上	31,684	43,124	——	80,121	16,848	34,410	——	61,696	18,425
1929 下	46,135	74,021	——	123,684	20,721	61,952	——	100,185	23,499
1930 上	54,678	73,190	51,432	180,591	24,005	64,495	66,866	162,890	17,701
1930 下	70,080	86,117	66,129	225,440	24,608	83,359	75,079	197,784	27,657
1931 上	38,347	58,835	28,572	127,337	24,506	54,769	38,551	125,884	1,453
1931 下	47,294	61,451	41,283	153,209	23,708	72,325	44,792	148,788	4,421
1932 上	34,844	54,223	21,644	112,050	20,463	68,783	28,608	121,859	▲9,809
1932 下	37,491	52,534	27,979	119,625	23,023	58,144	34,961	118,333	1,292
1933 上	27,366	41,080	14,341	84,258	24,308	58,833	23,945	112,789	▲28,532
1933 下	38,137	51,579	28,498	119,665	18,902	57,311	33,420	114,677	4,988
1934 上	27,085	42,265	13,404	83,887	18,676	56,190	21,520	99,160	▲15,272
1934 下	36,739	13,320	26,957	78,525	23,907	18,348	37,991	139,523	▲60,998
1935 上	31,232	——	16,055	49,063	23,800	——	27,259	63,312	▲14,249
1935 下	35,076	——	24,919	61,532	25,898	——	33,431	61,595	▲64
1936 上	24,717	——	13,508	39,861	23,019	——	27,249	53,968	▲14,107
1936 下	39,471	——	26,550	67,460	25,274	——	35,402	67,573	▲113
1937 上	29,319	——	11,420	41,999	25,628	——	21,995	50,714	▲8,715
1937 下	48,379	——	25,755	75,684	43,548	——	39,845	90,804	▲15,120
1938	44,501		617	48,963	47,039		4,552	119,959	▲70,996
1939	68,552		2,402	76,809	51,898		5,392	76,898	▲89
1940	75,766		1,801	83,462	57,376		5,353	83,508	▲46
1941	58,866		4,318	70,662	47,955		9,852	78,438	▲7,776
1942	56,232		15,475	85,227	48,355		17,993	85,273	▲46

注1：上期は前年12月から当年5月、下期は6月から11月。
　2：1937年度下期は引用者が便宜的に呼称（1937年6月から1938年3月）。
出典：摩耶鋼索鉄道　各期営業報告書

もっとも、表 2-2 によれば摩耶温泉は単独では毎期赤字を出しており、温泉を訪れるケーブルカーやバスの利用者が増加してはじめて利益につながるという構造であった。1930 年度はこうした戦略が奏功し、当期利益額は最大となった。また、1930 年度下期の営業報告書には、天候が良かったことや、神戸沖で 10 月 26 日に海軍の特別大演習観艦式が行われたことも、登山客の増加につながったと記されている。観艦式は数年に一度行われたが、このときは 165 隻の艦艇と 72 機の航空機が集った。

　だがこんどは肝心のケーブルカーやバスに強力なライバルが現れる。1930 年 10 月に神戸市営バスが開業し、「多大ノ打撃ヲ蒙リタル」（1931 年度上期営業報告書）状況となったのである。さらに、翌年からは市営バスが全市 10 銭の均一運賃制を導入し、「其影響愈々甚ダシク」（1932 年度下期営業報告書）なった。市営バスはその後も路線網を拡張し、1933 年 11 月にはさらに「東部新線」を開業させたが、その一部は「当会社営業ノ同一路線」を運行したことで、ますます影響を受けた（1933 年下期営業報告書）。

　摩耶鋼索鉄道の運輸数量を示した図 2-4 をみると、ケーブルカー、バスとも

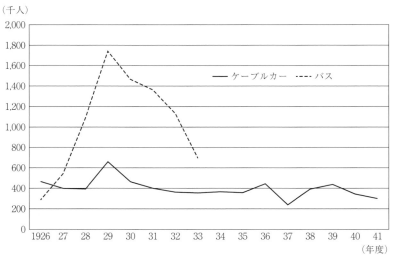

図 2-4　摩耶鋼索鉄道の運輸数量

出典：摩耶鋼索鉄道　各期営業報告書

に神戸市営バスの影響で乗客が減少したことが窺えるが、特にバスの受けた打撃が著しい。ケーブルカーにはそれ自体にアトラクション的な要素があるため、運賃以外の要素で選好されることもあるだろうが、バスはサービスによほどの差がなければ運賃の安いほうが選ばれるだろう。戦時期になると政策的な調整によりこのような競合線には免許が下りなくなるが、当時はこのようなあからさまな競争も珍しくなかった。結局、会社は神戸市に自社のバス事業を譲渡することとし、バス路線は1934年8月5日から神戸市営に一本化された。

苦心の集客と戦時中の休止

1930年代前半の摩耶鋼索鉄道は、ケーブルカーこそ黒字であったものの、バスは赤字、温泉も赤字という惨憺たるものであった。1934年度の営業損失は約7万6000円にも上っている。こうした状況を打開するために、会社はケーブルカー旅客のさらなる誘致を試みた。「遊園地」の設備を拡充するとともに、各種のイベントを開催して、そこに「極力団体乗客ノ勧誘」を図った（1935年上期営業報告書、以下同様）。ここでいう「団体客」は、おそらく学校の児童・生徒であろう。平日の乗客を増加させ、ケーブルカーの増収を図ったものと考えられる。団体登山客用に「床張無料休憩所」も設置した（1934年下期）。

さらに、天上寺との協力体制も強化した。「寺院及新聞社ト協力シテ種々催物ヲ行フト共ニ宣伝ヲ為シ乗客誘致ニ努メ」（1935年下期）たほか、山上駅付近から天上寺仁王門前まで総延長820mの自動車道を開設し、バス営業に再度乗り出す計画を立てた（1936年上期）。1935年の夏季は天候に恵まれなかったものの（1935年下期）、ケーブルカーの乗客は若干上向きになった。

1937年7月には日中戦争が始まった。戦争はさしあたり行楽を控えさせる要因となるが、一方で戦勝祈願のような理由がつけば奨励された。摩耶鋼索鉄道でも「戦勝祈願武運長久等寺院参詣者ノ増加ヲ極力計」ったが、「終ニ及バズ」と記されたように来訪客の減少は避けられなかった（1937年下期）。それでも、1940年度になると「連絡機関ニ不便一層増大シタレドモ体位向上ニ依ル一般登山客増加ニ伴ヒ」ケーブルカーの利用客は増加した。「連絡機関」の「不便」というのは、燃料やゴムの統制によるバスの減便や路線休止のことであろう。そんななかでも「体位向上」のためにケーブルカーを利用した登山そ

のものは盛んになった。1942年度の報告書には「夏季虚弱児童収容ノ摩耶山林間学舎ハ年々収容人員増加ニ依リ其ノ指導方針ノ好評ハ世上ニ敷衍セラレ、摩耶山修養道場ト共ニ健民運動ニ貢献スル処大ナルモノアリ」と記されており、夏季の林間学校が多く行われたことを示している。

赤字続きの摩耶温泉はどうなったのであろうか。1938年度の営業報告書には、「温泉経営方針変更ニヨリ相当利益金ヲ挙ゲ得ル見込ニテ良好ノ内ニ経過シタル」とある。「経営方針変更」の詳しい内容はわからないが、1941年度の営業報告書では「摩耶山温泉業ノ食堂、ホテル管理人ノ変更選任ニヨリ、七月九日ヨリ直営ニテ営業ヲ開始セリ」と記載されているので、この間、他の事業者に営業を請け負わせていたものと推測される。表2-2でもこの期間の「摩耶温泉」の収入および支出の規模が大幅に縮小しており、つじつまは合う。

このように経営を建て直そうとしていた矢先、摩耶ケーブルは大きな災害に襲われた。1938年7月5日の「大豪雨」で、「線路一部崩壊設備流失シ運転休止ノ止ムナキ」（1938年度営業報告書）に至ったのである。急速な復旧工事で8月4日に運転を再開したが、同年度は約5万8000円の特別損失を計上した。

1943年、ついに戦争が摩耶ケーブルの命運を決した。同年12月4日付の運輸通信省依命通牒による「地方鉄道軌道及索道整備」として、1944年2月10日限りで運輸営業を休止することが決定したのである。設備は撤去され、その転用のために設立された機関である産業設備営団に譲渡された（1944年度営業報告書）。戦後、摩耶ケーブルが復活するのは1955年のことであった。

参考文献・史料

鈴木勇一郎「生駒山宝山寺門前町の形成と大阪電気軌道の郊外開発」『ヒストリア』205号、大阪歴史学会、2007年

卯田卓矢「観光地としての都市近郊霊山の形成と展開プロセス——開発資本の動向を中心として」『旅の文化研究所研究報告』24号、2014年a

卯田卓矢「比叡山への鋼索鉄道建設における延暦寺の動向」『交通史研究』84号、交通史学会、2014年b

卯田卓矢「比叡山における鉄道敷設と延暦寺」『歴史地理学』275号、歴史地理学会、2015年

摩耶鋼索鉄道　各期営業報告書

第3章

箱根山の鉄道と道路

1. 箱根山の開発と交通網

箱根への鉄道と別荘開発

　箱根は関東における一大山岳観光地で、現在では公共交通機関もよく整備されている。だがこの地域の最初の鉄道である官設東海道鉄道が1887年に開業した際には、箱根を御殿場まわりで迂回するルートを採った。そのため、箱根の旅館経営者や小田原の商人たちは自らの出資で小田原馬車鉄道を設立し、1888年に東海道鉄道の国府津駅から小田原を経て湯本までの約13kmを開業した。小田原馬車鉄道はその後、東京馬車鉄道関係者の出資を得て1896年に小田原電気鉄道と改称した。東京馬車鉄道の関係者は東京市における電車運転を目指しており、そのテストケースとして小田原での電車運転が選ばれたのである。電化は1900年に完成し、国府津－湯本間が電車で結ばれた。

　箱根は19世紀からすでに外国人の間で人気の避暑保養地となっていたが、外国人の国内旅行が自由化されたのは1899年の「内地雑居」によってであった。馬車鉄道の電化はこうしたタイミングで実現したものであったが、湯本よりさらに山奥へと「外客誘致」をするための登山鉄道も1890年代よりいくつか構想されていた。小田原電気鉄道も登山線の構想をもっており、1910年に出願した湯本－強羅間の路線が免許を得て1919年に開業した（図3-1）。当初は歯車を用いたアプト式なども検討されたものの、半田貢技師長の主導で車輪

図 3-1　小田原電気鉄道登山線の電車（絵葉書）
所蔵：箱根町立郷土資料館

　と線路の摩擦のみによる粘着式を採用することとし、最大80‰の勾配を擁す
る鉄道となった。この勾配は、粘着式鉄道としては今日に至るまで国内でもっ
とも急なものでありつづけている。
　小田原電気鉄道は、登山線の開業に先立つ1912年より、強羅で15万坪の別
荘地分譲を展開した。同社は、登山線の終点である強羅駅を別荘地の一番低い
位置に配置して、東向きの斜面を登るように一帯を整備した。1913年には
斜面の中腹、別荘地の中央に強羅公園を開設した（図3-2）。別荘地一区画の面
積は400-500坪で、都市近郊の宅地と比べればかなり広かった。また、坪単価
は3-13円で、これは都市近郊の宅地を上回る価格であった。購入者は華族な
ど最上流の富裕層におのずと限られたが、1919年の登山線開業のころには完
売状態となり、その後も価格上昇が続いた（箱根町立郷土資料館、2020）。
　とはいえ、同社はここで別荘所有者だけを相手に事業を営んだわけではなく、
「千人風呂」や和風旅館、洋風旅館などの観光施設も経営した。1921年には強
羅－早雲山間の鋼索線（ケーブルカー）を開業した（図3-3、3-4）。戦前には珍
しく、山岳信仰とかかわりを持たず、別荘地の交通機関としての性質が強かっ

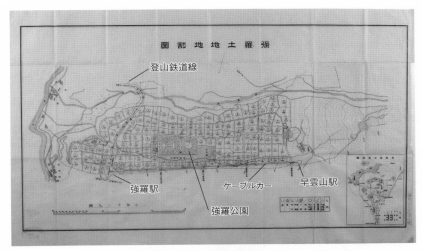

図 3-2　小田原電気鉄道の強羅分譲地地図（一部加工）
所蔵：神奈川県立図書館（写真提供：箱根町立郷土資料館）

た。中間には駅も設置され、斜面に造成された別荘地の上下移動が容易になった。この路線は小田原電気鉄道分譲地の北縁に敷設されたが、線路を挟んだ北側には、1920年に箱根土地という企業が別荘地の分譲を開始した。箱根土地の経営者は、のちに西武鉄道の総帥となる堤康次郎（1889-1964）であった。

　1920年には、国鉄熱海線の国府津－小田原間が開業した。これにより、小田原電気鉄道は国府津－湯本間を結んでいた軌道線のうち国府津－小田原間を廃止し、かわりに国鉄小田原駅前へアプローチする路線を建設した。こうして、小田原－湯本間は軌道線、湯本－強羅間は登山線、強羅－早雲山間は鋼索線というネットワークが形成された。

　登山線は、1923年に発生した関東大震災により3か月以上の運休を余儀なくされたほか、1926年には死者18人を出す脱線転覆事故を起こすなど、その道のりは文字通り平坦ではなかった。しかし1927年には小田原急行鉄道（小田急）が新宿－小田原間を開業するなど箱根観光を取り巻く環境は充実し、登山線の利用者数も増加していった。このころ、外国人向けの特殊法人であったジャパン・ツーリスト・ビューローによる遊覧券の販売も開始されている。

図 3-3　強羅別荘地の遠景
中央を通るケーブルカーの画面左側が小田原電気鉄
道、右側が箱根土地の分譲地
所蔵：箱根町立郷土資料館

図 3-4　小田原電気鉄道のケーブルカー
所蔵：箱根町立郷土資料館

　1928 年、小田原電気鉄道は日本電力に合併された。日本電力は「五大電力」と呼ばれた大手電気事業者のひとつであった。同社の狙いは電気事業であって鉄道はもとより目的ではなく、すぐに鉄道事業を新会社の箱根登山鉄道として分離した。1935 年、箱根登山鉄道は登山線を湯本から小田原まで延伸した。これにより湯本での乗り換えが解消され、東京から国鉄または小田急でやってきた乗客は小田原で乗り換えるだけですむようになった。小田原－強羅間の所要時間は 50 分へと 20 分以上短縮された。なお、旧来の軌道線も「小田原市内線」として戦後の 1956 年まで存続した。

　図 3-5 は強羅旅館組合が作成した宣伝用のポスターである。上記の交通機関の利便性向上がうたわれているほか、「茶代全廃」の旨が書かれている。茶代というのは旅館に対して宿泊料とは別に支払う任意の金銭であり、相場がわからない客を悩ませていた。その茶代を廃止したので、気楽に宿泊してほしいというのである。なお、個別の従業員に宿泊客がチップを支払う習慣はこの時期の日本にも

あり、それは茶代とは別に支払うことがマナーとされていた（『旅はクーポン』、同史料は曽山毅氏のご教示による）。

道路開削とバスの拡大

近代の箱根観光を支えたのは、鉄軌道だけではなかった。地図3-1に示すように、車両の通行が可能な道路が整備されたことも、重要な意味をもった。しかし、国や県は箱根の山奥へと分け入っていく道路を建設することはほとんどなく、民間の負担による建設が主であった。以下、箱根町立郷土資料館の図録（箱根町立郷土資料館、2013）に依拠してこれを確認する。1873年に箱根に逗留し温泉の素晴らしさを堪能した福

図3-5　強羅旅館組合のポスター
所蔵：小田原市立中央図書館（写真提供：箱根町立郷土資料館）

澤諭吉は、ここへ車道を開削すべきとアドバイスしたという。1875年、小田原と箱根の有志が「共同社」という結社を設立し、板橋－湯本間（約4.7km）に有料道路を開業した。その後、19世紀末にかけて民間による車道開削が進んだ。湯本－宮ノ下－箱根町間は1906年に国道となり、メインルートは近世の東海道からこちらへと移った。箱根を自動車が初めて走ったのがいつのことなのかは、わからない。1912年には湯本の松本安太郎という人物が「MF商会」を設立し、貸切自動車営業を始めたとされている。しかし、これについては不明な点が多く、のちに「箱根自動車」に継承されたのち、廃業したという。

1913年には、小田原電気鉄道が貸切自動車の営業を開始した。登山線が開業する以前のことであり、湯本と強羅別荘地などを結んだ。ごく限られた富豪を相手にしたのであろう。1914年には、富士屋ホテルが「富士屋自動車」として貸切自動車営業を開始し、横浜と箱根を結ぶサービスを行った。富士屋ホ

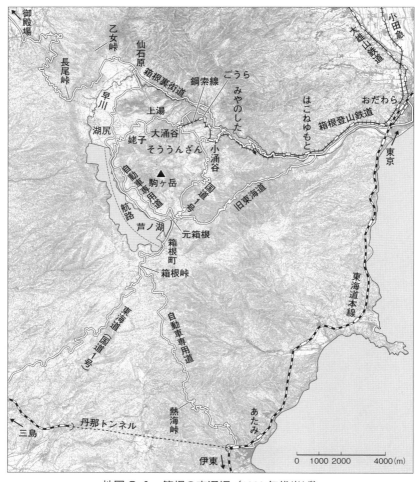

地図 3-1　箱根の交通網（1930 年代半ば）

出典：陸地測量部 2 万 5000 分の 1 地形図「三島」「熱海」「国府津」「関本」「箱根」「小田原」「真鶴岬」
（以上 1947 年 4 月発行）、「御殿場」「佐野」（以上 1947 年 5 月発行）を加工

テルは 1878 年に山口仙之助という人物が開業した高級ホテルで、もっぱら外
国人を対象としていた。湯本に近い塔ノ沢から富士屋ホテルのある宮ノ下まで
の車道を開削したのも、山口であった。横浜直通という富士屋自動車の戦略は
あたり、1918 年には 32 両の自動車を擁するに至った。

図 3-6　昭和初期の富士屋自動車のバス（絵葉書）
所蔵：箱根町立郷土資料館

　初期の貸切自動車がごく限られた人々を対象にしていたことを踏まえると、1919 年に小田原電気鉄道登山線が開業したことは、箱根観光の大衆化をもたらす画期であったことがよく理解できる。そして自動車事業においても、運賃さえ支払えば誰でも利用することのできる乗合営業が広がっていった。

　小田原電気鉄道登山線の開業と同じ 1919 年、富士屋自動車は国府津－宮ノ下間、宮ノ下－箱根町間で乗合自動車の運行を開始した。同社は、自動車通行のための道路改修費を寄付しつつ路線を拡大し、登山鉄道の競争相手となった。小田原電気鉄道も、1921 年に登山線の小涌谷と箱根町とを結ぶ乗合自動車の運行を開始した。鉄軌道とバスを乗り継ぐ小田原電気鉄道と、バスのみで移動できる富士屋自動車との競争であった。1923 年時点で、小田原電気鉄道は 41 両もの自動車を保有する有力自動車事業者ともなっていた。

　1923 年の関東大震災で宮ノ下－湯本間の道路は大きな被害を受けたが翌年仮復旧し、1925 年 7 月に本復旧した。一方、1923 年 11 月には箱根町－箱根峠間の車道が開削され、三島・沼津方面との往来が容易になった。湯本方面への道路の復旧後は自動車で箱根を横断することも可能になった。大正期のうちに宮ノ下から仙石原への路線も開設され、さらに昭和に入ると仙石原から御殿場や芦ノ湖畔の湖尻にもバスで到達できるようになった（地図 3-1、図 3-6）。

1932 年、箱根の交通事業者に大きな再編が生じた。箱根登山鉄道（旧・小田原電気鉄道）が、バス事業を競合相手の富士屋自動車へ譲渡したのである。バス事業を管掌する鉄道省などが両社のバス事業の合同を勧めたためとされる。富士屋自動車は富士箱根自動車と商号を変更した。

　同じ 1932 年、静岡県の三島・沼津を本拠地とする駿豆鉄道が箱根に進出した。同社は 1923 年以来箱根土地の傘下に入っており、別荘地とあわせて交通事業を営む動機は十分であった。駿豆鉄道は熱海峠－箱根峠に自動車専用道路を開業し、箱根土地の別荘地に向けてバスの運行を開始した。同社がこのような戦略を取り得た背景には、この時期の国鉄線の充実があった。すでに 1925 年に国鉄熱海線が熱海まで開業していたが、1930 年代に入ると熱海から三島・沼津に抜ける丹那トンネルも完成が迫りつつあった。トンネル開通後はこちらのルートが東海道線のメインルートとなることが決まっており、駿豆鉄道はこれと接続する新しい回遊ルートを開拓しようとしていたのである（地図 3-1）。

　箱根土地は、堤康次郎のもとで着々と箱根に根を張っていった。芦ノ湖に遊覧船を運航する箱根遊船は、1922 年に箱根土地の傘下にはいった。次項で述べるように、同社は遊覧船のみならず芦ノ湖周辺の有料道路整備を目指した。そして、熱海からバスと遊覧船を乗り継いで箱根を回遊するルートを形成したのである。

2．箱根の有料道路建設をめぐって

自動車道の『鉄道省文書』

　近代の箱根では、鉄道や道路などの交通インフラを、主として民間の資金によって整備した。この節では、そうした事業のうち企業による自動車道整備について、立正大学図書館に所蔵されている『鉄道省文書』という史料を用いてみていくことにする。

　鉄道省文書とは、国の行政機関であった鉄道省が作成・保存していた公文書の綴りを指し示す名称であるが、その前身・後身の官庁（現在は国土交通省）の公文書をも同様に呼びならわすことがある。業務に必要とされる（現用とい

う）間は当然ながらその官庁で保管される
が、現用でなくなった文書は、現在では法
律に基づいて選別され国立公文書館に移管
されることになっている。しかし、そのよ
うな体制が整備される以前は、何らかの事
情で外部に流出することもあった。

　たとえば、埼玉県さいたま市の「鉄道博
物館」は、政府が国有鉄道を直営していた
時期の関係文書の一部を所蔵している。こ
れはかつて東京都千代田区にあった交通博
物館から移管されたものである。また、東
京大学経済学図書館は小運送関係の鉄道省
文書319点を所蔵している。小運送という
のは鉄道貨物輸送に付随した末端の輸送で、

図 3-7　鉄道省文書の表紙
所蔵：立正大学図書館

民間の運送店が馬車やトラックなどで行った。同館が所蔵するのは、その管
理・監督に関する文書である。国立公文書館が所蔵する鉄道省文書にも、政府
から直接移管されたものだけではなく、中央鉄道学園という日本国有鉄道の従
業員向け教育機関で廃棄されそうになったところを研究者の働きかけでレス
キューされ、最終的に同館に収められたものが含まれている。

　立正大学図書館が所蔵する鉄道省文書2点は、戦前の神奈川県における有料
道路の監督に関わるものである（図3-7）。同館に収められた経緯はわからない
が、この世にふたつとない、貴重な史料であることは間違いない。車道整備に
要した費用を利用者に負担させる有料自動車道路の仕組みはイギリスなどで発
達したが、日本では1931年に自動車交通事業法が公布されるまでは政府が私
営有料道路を管理・監督するための統一的な法制度が整備されていなかった
（1933年施行）。しかし実際にはそれ以前から有料道路は存在しており、箱根で
も有料自動車道の開設が試みられていたことがこの文書からよくわかる。

　以下では、そのうちの1点を利用して、箱根の有料自動車道計画についてみ
ていく。

箱根登山鉄道の道路計画

1929年8月20日、箱根登山鉄道は神奈川県知事にあてて「自動車専用道路敷設許可申請書」を提出した。道路の区間は小涌谷－強羅間の約1.5kmで、距離としてはそれほど長くはない。申請理由は次の通りであった。

〔箱根周遊のための道路は〕唯ダ南側ニ偏倚セル第一号国道アルノミニシテ再ビ強羅ノ遊園地ニ遊バントスレバ甚シク紆余曲折ノ道路ニヨルヲ以テ時間的不経済ナリ。因テ茲ニ第一号国道沿線ノ小涌谷駅ト強羅トヲ連絡シ其ノ不便ヲ補ハンガタメ本道路ヲ開鑿セントスルモノナリ（「自動車専用道路敷設許可申請書」1929年8月20日、「箱根登山鉄道株式〔会社〕小涌谷強羅間専用道工事施行許可ノ件」）

この道路を箱根登山鉄道が自ら整備しようとしたのは、おそらくライバルの富士屋自動車に先手を打つためである。仮に富士屋自動車がこの区間に有料道路を整備すれば、湯本－強羅間には登山鉄道に完全に並行するバスが登場するはずで、その事態を防ぎたかったのであろう。申請書には「本道路ハ主トシテ乗合自動車ヲ運転セントスルモノニシテ営業用ニ利用スル者ヲ除キ一般公衆ノ利便ヲ計リ無料通行セシムルモノナリ」と記されたが、それは「営業用」の他社のバスからは通行料を徴取することを意味した。マイカーがほとんどないこの時期にあっては、他の車両の無料通行は無視しうる範囲にとどまった。

箱根登山鉄道が算出した事業計画を表3-1に示す。収入の大部分は自社運行のバスの運賃で、わずかに他社の営業用自動車通行料を徴収する計画であったことがわかる。それに対する営業費は5417円で、借入金

表3-1　小涌谷－強羅間有料道路の事業計画

（単位：円）

収入	営業用自動車料金	1,800台	@20銭	360
	乗合自動車料金	59,280人	@20銭	11,856
計				12,216
支出	総営業費	13,542km	@40銭	5,417
	建設費年賦償還金			4,494
	道路保存費			1,046
計				10,957
利益金				1,259
対建設費利益率				2.1%

出典：「自動車専用道路敷設許可申請書」1929年8月20日

の償還が 4494 円（おそらく利子を含む）、道路保存費が 1046 円、利益金は 1259 円という見込みであった。

　この道路の全長は 1567m、有効幅員は 6m で、中央部 3m をアスファルトで舗装する設計であった。1930 年 10 月 24 日付で内務大臣の認可を得て、11 月 18 日付で神奈川県知事の許可も下りた。細かいことであるが、この時期の有料自動車道に関する許認可手続きは、まず事業者が県を経由して内務省に「認可」を申請し、内務省は鉄道省と協議しながら「認可」を出す、県知事は内務大臣の認可に基づいて「許可」を出し、鉄道省に対してはその結果を県から「報告」するという手順で進められていた。

　ところが、審査途上でひとつ問題が生じた。1930 年 7 月、鉄道省監督局陸運課の意見により、舗装する幅員を 6m に拡張したうえで片側 0.5m ずつの路肩を整備することとなったのである。この結果、整備すべき幅員は 7m となり、舗装費は 1 万 4103 円から 2 万 8206 円へと倍増した。箱根登山鉄道は社有地を用地に充てて費用を 7208.5 円減額することにしたものの、全体の工事費は 6 万円から約 6.7 万円に増加した。工事費の増加は借入金の増加につながり、したがって年賦償還金も年額 5749.3 円に増加する見込みとなった。この結果、見込まれる年間利益金はわずか 3.73 円となってしまった。その後、曲線部は内側に 0.5m 拡幅することになり、事業費は 10 万 2500 円にまで膨らんだ。箱根登山鉄道にとってこの道路は魅力ある事業と言えなくなってしまったのである。

　すでに述べたように、1932 年、箱根登山鉄道はバス事業を富士屋自動車に譲渡した。それにあわせ、未着工の道路事業も富士屋自動車へ譲渡することとなり、8 月 25 日付で神奈川県の許可がおりた（「箱根登山鉄道株式〔会社〕小涌谷強羅間工事着手期限延期ノ件」）。箱根登山鉄道はその直前の 8 月 10 日、「合併問題」を理由に 6 か月の着工延期を県に願い出ていた。県は「認可後既ニ満一ヶ年経過シ本願第二回目ノ延期ニシテ如斯（かくのごとく）権利ヲ留保シ之カ延期ノ更新ハ事業ノ性質上支障有之加之（しかのみならず）本延期ノ理由ナル会社合併問題ハ過般解決済ニ付直チニ着工シ得ラル丶モノト只（ただ）被認候（みとめられ）」と渋い態度を示しつつも、「今回ニ限リ」3 か月だけ延期を認めることとして 11 月 26 日までに着工するよう指令を出した（「箱根登山鉄道株式〔会社〕工事着手期日延期許可ノ件」）。

富士屋自動車の道路計画

　富士屋自動車も自動車道路を計画した。同社は宮ノ下から仙石原を経由して御殿場に至るバスを運行していたが、途中の長尾峠から芦ノ湖畔の湖尻まで延長 4.8km の自動車道を敷設しようと 1930 年 11 月 16 日付で申請を行い、1932 年 8 月に内務省の認可そして県知事の許可を得た。事業計画を記した「起業目論見書」から、同社の狙いを読み取ってみよう。

　　弊社往年宮之下－御殿場間乗合自動車ノ運転ヲ開始シ長尾峠ノ探勝ヲ容易ナ
　　ラシメテヨリ逐年遊覧者ノ数ヲ増加シ、凡ソ函山〔箱根のこと〕ニ遊ブモノ
　　杖ヲ蒸ニ曳カザルモノ稀ナリ。惜ヒ哉、ソノ宮之下若クハ湖尻方面ヨリスル
　　モノ、イヅレモ帰路少クモ仙石原部落迄約四哩同一道路ニ拠ラザル可ラザル
　　ヲ以テ遊覧者ヲシテ些カ倦怠ヲ覚エシムルノ憾ミアリ。若シ、ソレ本願道路
　　ヲ開設スルニ至ラバソノ宮之下方面ヨリスルモノハ帰路ヲ湖尻ニ直通シ、湖
　　尻方面ヨリスルモノハ帰路ヲ仙石原部落ヲ経由シテ宮之下ニ至ル現在ノ道路
　　ニ拠ラシメ、絶景芦ノ湖ト仙石原高原ノ情趣ヲ満喫セシムルノミナラズ、距
　　離ニ於テ六哩、時間ニ於テ三十分ヲ短縮シ、乗合自動車料金亦壱円余ヲ軽減
　　スルヲ得ル等、長尾峠観賞者及ビ一般箱根山廻遊者ノ利便挙ゲテ数フル可ラ
　　ザルモノアリ（「富士屋自動車株式〔会社〕専用道開設許可ノ件」）

長尾峠は「箱根裏街道」の景勝地として古くから知られ、当時も人気スポットであった。しかし、仙石原と長尾峠との間は同一経路を往復せねばならず、観光客にとっては面白みに欠けるため、長尾峠と湖尻との間に道路を設けて回遊ルートを形成したいというのである。その事業計画は、次の表 3-2 に示すとおりで、ここでも自社のバス（定期乗合）が最大の収入源と見込まれていた。他社自動車の通行料は 4015 円を見込んでいたが、バスとトラックを合わせて 1 日平均わずか 9 台を見込むにすぎなかった。

　この道路の幅員は 3 間（約 5.45m）で設計していたが、神奈川県の命令書によって全幅 7m とすることになり、建設費は 5 万 8000 円から 10 万 2000 円に膨張した。利率が表 3-2 の数値とおなじ年 8% であるとすると、単年度の利息は 8160 円となり、差引は 3668 円の黒字から 148 円の赤字となってしまう。こ

表 3-2　長尾峠-湖尻間有料道路の事業計画

定期乗合収入	13,140	1 日 12 往復、1 人 1 マイル 10 銭、1 マイル平均 50 銭、1 日 36 円
乗用車収入	7,300	1 日平均 20 円、片道 2 円
通行料収入	4,015	1 日平均 11 円、通行貸切自動車 1 日平均 7 両、貨物 2 両
計	24,455	
運転費	5,585	ガソリン、タイヤ、諸油、運転手車掌給与を含む 1 マイルにつき 15 銭、1 か年 3 万 7230 マイル走行。
修繕費	1,117	1 マイルにつき 3 銭
総係費	3,723	1 マイルにつき 10 銭
車両減価償却費	3,723	1 マイルにつき 10 銭
専用道路維持費	2,000	1 マイルにつき 667 円
建設費利息	4,640	建設費 5 万 8000 円、年 8%
計	20,788	
差引利益	3,668	

出典：「湖尻長尾峠間自働車専用道路開設許可申請書」1930 年 11 月 16 日

れでは会社が道路を建設する必然性はなく、先にみた箱根登山鉄道の道路と同じ事態に陥ってしまった。

　いま述べたふたつの道路計画は富士屋自動車が箱根登山鉄道バス事業を併合して富士箱根自動車が成立した後も数年間放置されていたらしいが、1936 年に 2 件まとめて事業取り消しにむけた動きが生じた（「富士箱根自動車株式〔会社〕一般車道免許取消ニ関スル件」）。まず小涌谷-強羅間については、会社側より「〔1936 年〕十一月二十二日迄ニ竣工ノ予定ニテ工事進捗致居候処現今ノ箱根ハ出願時トハ異リ交通機関ハ著シク発達シ道路モ四通八達シ御許可相受候前記自動車道ノ如キ一小区域ニ之レガ布設ヲナス事ハ自然其必要ヲ認メス已ムナク之レガ計画ヲ中止スルノ外無之場合ニ立至リ候」という説明がなされた。また、長尾峠-湖尻間については「該区間中ニ御料地介在シ土地使用ニ関シ当局ノ許可ヲ受クル不能他ニ路線ヲ選定ヲナス事モ地勢上到底困難ニテ計画ヲ中止スルノ外他ニ詮無之」という説明がなされた（1936 年 9 月 22 日付富士箱根自動車発鉄道省宛「小涌谷強羅間一般自動車道ニ関スル件」）。

　これを受けて、神奈川県から内務省と鉄道省に向けて意見書が提出された。その内容は、「小涌谷強羅間ハ昭和七年十一月二十四日附会社ヨリ工事着手届出有之候得共今日ニ至ルモ未タ着手ニ不至尚長尾峠湖尻間ハ……帝室林野局長

官ヨリ御料地ノ使用ハ難 認旨申越有之同社ニ対シ一部路線変更方示達置致候
得共現在ニ至ルモ回答無之」というものであった（1936年10月19日付、神奈
川県知事発鉄道省監督局長宛報告「富士箱根、一般自動車道免許取消ニ関スル件」）。
前者の小涌谷－強羅間は、工事に着手したという届出こそあったものの実際に
は未着手のままで、後者の長尾峠－湖尻間は御料林を管掌する帝室林野局から
敷地内通過が認められず、県からルート変更を指示したものの会社から反応が
なかったというのである。御料林の話はいささか唐突であるが、詳細はわから
ない。

　いずれも事業として採算が取れる見込みがなかったのであるから、会社は放
置し、県もその状態を黙認していたということなのであろう。県は国に対し、
「何レモ事情不得已ルモノト 被 認候」（1936年10月2日付、神奈川県知事発鉄道
大臣及内務大臣宛進達「一般自動車道免許取消ニ関スル件」）と進達して、事業は
廃止されることとなった。なお、湖尻－長尾峠間の有料道路構想は、戦後の
1972年に「箱根スカイライン」として実現する。

箱根遊船の自動車道計画
　箱根土地の傘下にはいっていた箱根遊船も、1927年1月6日付で次のよう
な有料道路開設の申請書を神奈川県に提出した。

　将来自動車ノ発展ニ伴ヒ既得ノ芦ノ湖航行権ヲ確保シ併セテ一般遊覧客ノ便
　ヲ計ランカ為メ元箱根村現桟橋附近ヲ起点トシ湖尻、姥子、大涌谷、上湯等
　ヲ経テ上強羅駅ニ至ル間ニ自動車専用道路ヲ新設シ一般旅客及貨物ノ運輸事
　業並ニ之等ニ附帯スル業務ヲ営ムヲ以テ目的トス（「起業目論見書」、「箱根遊
　船株式会社専用道路開設許可通牒ノ件」）

同社はすでに芦ノ湖の遊覧船を運航しており、それと競合するバスが登場する
前に自社で道路もろとも整備してしまうという計画である。そのための事業費
は20万円であり、会社は資本金6万円を26万円に増資してそれを調達する計
画をたてた。20万円の内訳は、次の表3-3のとおりである。
　ここで注目されるのは、用地費が全くかかっていないという点である。これ

表3-3　箱根遊船有料道路の費用概算

（単位：円）

測量及工事監督費	14,940	
用地費	0	箱根土地会社より提供
土工費	84,200	
橋梁費	18,300	
舗装費	34,860	
諸建物費	7,500	
通信線路費	750	大涌谷、湖尻元箱根架設済
車両費	30,000	
予備費	9,450	
計	200,000	1マイルあたり 20,080 円（9マイル96チェーン）

出典：「自動車専用道路工事費予算書」、「箱根遊船株式会社専用道路開設許可通牒ノ件」

は、親会社の箱根土地から提供されることになっていたためであった。この措置に関して、箱根土地の重役会は1928年5月18日付で次のような決議を行っている。

　　箱根遊船株式会社出願ニ係ル上強羅－湖尻－元箱根間自動車専用道路新設ハ
　　箱根発展ノ為メ誠ニ機宜ニ適シタル事業ニシテ当社ノ蒙ル利益モ亦甚大ナル
　　ヲ以テ当社ハ極力同社ノ該事業ヲ援助シ其速成ヲ期スルタメ該路線用地
　　二一一反ノ内本社所有地約七十反ハ無償ヲ以テ全社ニ譲渡シ残余一四一反ノ
　　用地費ハ当社ニ於テ負担シ尚ホ風致ヲ害セザル程度ニ於テ工事用土石ヲ採取
　　スル事ヲ承認ス（「昭和参年五月拾八日重役会決議録」、「箱根遊船株式会社専用
　　道路開設許可通牒ノ件」）

道路用地211反（約20万8890m²）のうち、70反は箱根土地から箱根遊船に無償譲渡し、141反の用地費は箱根土地の負担で購入するというのである。箱根遊船単体でみれば費用負担は極めて軽くなる。

　年間収支計画は、表3-4のとおりであった。収入の構成はすでに見た事例とよく似ており、自社のバスが主たる部分を占め、自社の貸切車がこれに続いている。特徴的なのは支出のほうで、借入がないため当然ながら利払い負担が一切ない。単年度の利益も大きく、親会社である箱根土地に十分な配当を行い、

表3-4 箱根遊船の有料道路事業計画

(単位：円)

収入	乗合乗客収入	80,300
(年間)	貸切車収入	36,500
	社外車通行料	14,600
	雑収入	10,950
支出	自動車運転費	39,300
	道路維持費	36,000
	本社費	10,260
差引利益		56,790
株式配当		14,000
改良準備金		20,000

出典：「営業収支概算書」、「箱根遊船株式会社専用
道開設許可通牒ノ件」

さらに改良準備金を積み立てることも可能という計画であった。

この計画に関して神奈川県がとった態度は、次の内務大臣あての具申から判明する。

湖尻元箱根間（四哩四二鎖）ニ於テハ既ニ申請者ニ於テ芦ノ湖縦断渡航路ヲ開設シ居ル関係上ソノ交通ハ比較的容易ナルノミナラズ府県道仙石原元箱根線アルヲ以テ本区間ニ於ケル自動車専用道路ノ開設ハ未ダ其ノ成果ヲ期待シ得ザルベキモ残区間強羅湖尻間ニハ大涌谷其他ノ勝地ノ存セルニ不_{かかわらず}拘現今辛ウジテ通行シ得ベキ町村道ノ存スル以外ハ未ダ何等ノ交通設備無之ヲ以テ本区間ノ自動車専用道路開設ハ最モ時宜ニ適シタル施設ニシテ文化ノ向上産業ノ発展ニ資スルコト蓋シ甚大ナルベクト被_{ぞんぜられ}存候（神奈川県知事発内務大臣宛「自動車専用道路開設許可ノ件稟伺」1930年3月14日、「箱根遊船株式会社専用道路開設許可通牒ノ件」）

元箱根－湖尻間には航路があるし、元箱根から仙石原へ抜ける道路もあるのだから、並行する自動車道は不要であるとの判断である。こうして1930年11月21日、湖尻－強羅間5マイル35チェーン（約8.8km）分のみ許可が下りた。

しかし、箱根遊船はあきらめなかった。1931年3月、湖尻から元箱根までの区間を再出願するとともに、上強羅から小涌谷への道路も併せて出願したのである（「湖尻元箱根間自動車専用道路新設申請書」および「上強羅小涌谷間自動車専用道路新設申請書」、「箱根遊船株式〔会社〕専用道開設許可ノ件」）。神奈川県と内務省と鉄道省は緊密に連絡を取り合いながら意見をまとめ、とうとう9月1日に内務省はこの道路を認可した旨を鉄道省あてに通知した。これを受けて、9月7日付で神奈川県知事も許可を出した。鉄道省の意見は、次のようなものであった。

本件ハ……湖尻、上強羅間専用道路ヲ更ニ小涌谷及箱根町大芝迄延長セムトスルモノニシテ、願人ノ姉妹会社タル駿豆鉄道ノ熱海、長尾峠間自動車専用道路……ト相俟テ箱根、熱海地方遊覧客ノ利便ヲ増進スル所大ナルモノアルベシ（1931 年 8 月 6 日付鉄道省発神奈川県知事宛通牒、「箱根遊船株式〔会社〕専用道開設許可ノ件」）

鉄道省は駿豆鉄道の道路に言及している。先に述べたように、この 1931 年、同じく箱根土地の傘下にあった駿豆鉄道は熱海峠から箱根峠までの道路を開設した。箱根遊船の道路はそれとの接続を考慮しており、それならば箱根を回遊するルートが形成されるというのである。こうして認可は下り、元箱根－湖尻間の道路は 1935 年に、湖尻－早雲山（上強羅）－小涌谷間は 1936 年に開業した。上の史料では熱海から箱根峠を経由して芦ノ湖西岸をとおり長尾峠まで延伸する計画も存在したように見受けられるが、それは結局実現せず、第二次世界大戦後に藤田観光の手で「芦ノ湖スカイライン」として開業することになる。

　最後に、ごく簡単に戦争中の動向を見ておく。1938 年に駿豆鉄道と箱根遊船は合併して駿豆鉄道箱根遊船となったが、1940 年には再び駿豆鉄道へと商号を変更した。富士箱根自動車のほうは、箱根登山鉄道とともに 1942 年に東京急行電鉄の傘下に入った。しかし、バス事業は燃料やゴムの統制により十分な運行が不可能となり、1944 年には富士箱根自動車と箱根登山鉄道が合併した。同じ年、鋼索線も運行を休止している。1945 年 7 月時点で箱根登山鉄道のバス営業キロは 106.4km、ほかに休止路線が 237.7km であった。

　第二次世界大戦後、箱根登山鉄道と駿豆鉄道はふたたび激しい競争をくり広げることになる（第 8 章）。

参考文献・史料

日本旅行協会（ジャパン・ツーリストビューロー）『旅はクーポン』同、1935 年

箱根町立郷土資料館『企画展図録　バス、天下の剣を行く——箱根の自動車一〇〇年』同、2013 年

箱根町立郷土資料館『企画展図録　箱根湯本強羅間開通 100 周年記念　箱根登山鉄道のあゆみ』同、2020 年

『鉄道省文書　第一門監督　第一種　六　自動車道路　神奈川県　自昭和五年至昭和十二年　巻一』立正大学図書館所蔵

第4章

植民地ツーリズムと朝鮮金剛山

1. 金剛山の観光開発

朝鮮支配と金剛山

報知新聞記者でアイヌや南洋の口承文学についての著作を多くのこした中田千畝（1895-1947）は、『最新登山案内』（日本評論社、1923年）というガイドブックのなかで、日本本土の山に加えて末尾に台湾の新高山（玉山）と朝鮮の金剛山をラインナップしている。宗主国と植民地という支配−被支配の関係のなかで、とりわけ前者による後者へのまなざしを主とする「植民地ツーリズム」が生まれたのは世界的な現象であったが、ここにもそうした非対称な関係が表れていた。

台湾は1895年から1945年まで日本が領有しており、その期間、「日本で一番高い山」は富士山（最大標高3776m）ではなく最大標高3952mの新高山であった。そもそも、新高山という名称自体が富士山より高いことにより付されたものであった（標高の測量値は時期により多少変化する）。

朝鮮の金剛山（最大標高1638m）は朝鮮半島東部の太白山脈の主峰で、新羅時代に開かれた寺院や奇岩などがある。現在は朝鮮民主主義人民共和国（北朝鮮）領内にあり、韓国などからの観光客を受け入れて「南北融和」の演出に用いられてきた。しかし、金剛山におけるツーリズムはもともと日本の支配下で形成された。

図 4-1　朝鮮半島の幹線鉄道

出典：朝鮮総督府編『朝鮮鉄道旅行便覧』同、1924 年、国立国
会図書館デジタルコレクションを加工

　朝鮮半島は 1910 年の「韓国併合」により日本の領土となったが、それ以前
より日本資本による鉄道建設が行われ、支配が強化されつつあった。1900 年
に漢城（のち京城、現ソウル）と仁川を結ぶ京仁鉄道が合資会社形態で開業し、
まもなく京釜鉄道という会社に合併されたのち、1905 年に漢城と釜山を結ぶ
路線を開業した。1906 年には日本政府に買収され、韓国統監府鉄道となって
いる。また、日露戦争中に漢城と清国国境の新義州とを結ぶ鉄道の建設が始ま
り、1908 年までに京義線として営業を開始した。「韓国併合」で朝鮮総督府鉄

図4-2 『金剛山遊覧の栞』

出典：朝鮮総督府鉄道局編『金剛山遊覧の栞』同、1915年、国立国会図書館デジタルコレクション

道局の管理となり、1910年代には京城と元山（もとやま／ウォンサン）を結ぶ京元線などを建設してネットワークを拡大した（図4-1）。総督府の鉄道は「局鉄」と呼ばれたが、1917年から1925年までは南満洲鉄道に運営が委託された。

金剛山は、朝鮮半島の観光地として早くから振興が図られた。総督府鉄道局が1915年に刊行した『金剛山遊覧の栞』（図4-2）という案内には、次のようなモデルルートが掲載されている。

1日目：京城9：20－（局鉄）－元山16：45、0：00－（朝鮮郵船汽船）－長箭（チョンジャン）港6：00、温井里（おんせいり／オンチョンリ）まで2里（約8km）。
2日目：7時間の徒歩探勝、温井里　泊

図4-3　金剛山電鉄線路図

出典：金剛山電気鉄道『金剛山電気鉄道株式会社廿年史』同、1939年〔部分〕を加工

3日目：徒歩探勝、長安寺　泊

4日目：長安寺など探勝、表訓寺　泊

5日目：表訓寺など探勝、末輝里（マルフィリ）　泊

6日目：徒歩で温井里、長箭港23：00−（汽船）−元山6：00着

7日目：元山9：45−（局鉄）−京城南大門17：22着

　図4-1と4-3を見ながら、この行程をたどってみよう。朝、京城を出発して局鉄線に7時間半程度乗車、夕方に元山に着いたのち、旅館かどこかで休憩をとってから午前0時に朝鮮郵船の汽船に搭乗する。朝鮮郵船は1912年に日本の汽船会社の共同出資と総督府の支援の下で設立された。午前6時に長箭に到着するが、元山と長箭の間は直線距離でおよそ100km。そう離れているわけではないので、明け方に到着したのち乗客は船内で休憩していたのかもしれない。大した距離でもないのに汽船を利用するのは、元山と長箭を結ぶ道路や鉄道が整備されておらず船でしか到達できなかったためである（図4-3は後年の

58

地図なので長箭まで鉄道が達しているが 1916 年当時はなかった）。この一帯は「外金剛」と呼ばれ、ベースになる温井里まで約 8km を移動する必要があった。旅客は、ここでおそらく宿に荷物を置いて朝食を摂ったのち、そのまま約 7 時間の「徒歩探勝」に出た。その夜は温井里宿泊である。

　3 日目から 5 日目までは徒歩による金剛山登山である。古刹の長安寺や表訓寺は参拝の対象であるとともに宿泊の地でもあった。5 泊目の末輝里は多少大きな集落で、「内金剛」と呼ばれる山中一帯の中心として整備されつつあった。6 日目はここから徒歩で温井里を経由して長箭に戻り、23 時の汽船に乗って元山に明朝 6 時着、そのまま局鉄線に乗り換えて 7 日目の夕方に京城南大門の駅に帰着。じつに 1 週間の大旅行であった。

　案内には往復鉄道運賃が記されていて 2 等 10.92 円、3 等 6.96 円とあるが、それは当時の金剛山旅行が団体のツアーではなく、あくまで個人手配で行われたことを示唆している。たとえば寺院に宿泊する際の要領は、次のように記されている。

　　又内金剛の長安寺又は表訓寺に宿泊する場合寺院より供する朝鮮式夜具、食物（副食物の類）を好まざる方は、毛布、空気枕、缶詰、ビスケット、果物等を携帯す可し。

　　寺院に於ては米飯を供するも副食物は朝鮮式精進料理なり、又宿泊料として別に定めなきを以て……〔50 銭くらい〕を最低として、各自随意に謝礼するものなり

宿坊とはいえ、50 銭からというのは後段で紹介する旅館と比べるとずいぶん安かったことがわかる。

　装備については、「探勝者は成可く軽装し、脚絆、草鞋とし嶮岨の登攀に便なる様旅装するを要す。杖、水筒、手拭、弁当箱等を用意すべし」とある。しかし、すべてを担いでいったわけではない。「弁当其他の携帯品運搬の為め、朝鮮人を傭ふ時は、先方の賄にて一日金五十銭位とす」という記述にみられる通り、荷物運搬人の現地人を雇うのが便利とされていた。この人たちはガイド

も兼ねていたのだろう。

文豪たちの金剛山紀行

いまみたような金剛山旅行を、『国民新聞』を舞台に活躍したジャーナリスト、徳富猪一郎（蘇峰）（1863-1957、図 4-4）が 1915 年に試みている。このとき蘇峰は満 52 歳。貴族院勅選議員であり、勲 3 等にも叙せられた賓客であった。その紀行は『烟霞勝遊記』（1924 年）に記されている。

蘇峰が元山から船で長箭に達し、温井里のホテルに宿泊したのは 10 月 12 日のことであった。10 月 13 日、午前 6 時に出発して外金剛を探勝している。このときの蘇峰の態度には、日本と比較するまなざしがはっきりとうかがえる。たとえば、「此辺を称して寒霞渓と云ふ。されど寒霞渓の本家本元たる、小豆島に比すれば、同日の論にあらず。彼は山ありて水なく、此れは山水両ながら奇也」（徳富、1924、339 頁）といった具合である。

蘇峰は 1913 年に香川県小豆島の寒霞渓を訪れていた。そちらも、朝鮮金剛山の寒霞渓も、そびえたつ奇岩と渓谷美という点では共通するが、蘇峰は前者について「石ありて水なし」と評している（徳富、1914、99 頁）。それに対し後者は澗に沿って歩くので趣が異なるのだという。実は小豆島の寒霞渓には現在ではロープウェイがあり、それに乗ると海がよく見えるのであるが、当時は山道を歩くほかはなかった。

それにしても、元来は無関係の二つの地について、風景を比較対照したり、場合によっては優劣を論じたりするというのは、考えてみれば不思議なことである。もっとも、外国でみた文物を自国の類似物と比較して理解しようとする態度は、現在の私たちにもしばしばみられる。たとえば外国で生の魚介を食べて日本の刺身を想起し、優劣を論ずるといったようにである。それは、ナショナルな枠組みや西洋－東洋といった枠組みで自他の文化を理解しようとする態度といえる。こうしてみると、ふたつの「寒霞渓」を批評する蘇峰に

図 4-4　徳富蘇峰

所蔵：（公財）徳富蘇峰記念塩崎財団

60

とって、朝鮮は外国の一種であり、風景とは単なる天然地形にとどまらない、人為的に意味づけされ優劣を論じることの可能な文化の一種であった。

さて蘇峰は途中から人力車を雇う。「末輝里に著したるは、午後五時なりき。〔中略〕予等は予定の如く、嶺を越えて長安寺に向ふ。〔中略〕寸前暗黒、唯だ星光と、後方の三日月とを便りにして進む。〔中略〕車夫へと〰になりて進まず」（徳富、1924、343 頁、以下同様）とある。真っ暗な道を、月あかりを手がかりに人力車で行く。ずいぶんな強行軍である。このように蘇峰も鉄道局の案内どおりに外金剛から内金剛へと入っていったのだが、彼自身は「其の観覧の順序としては、寧ろ内金剛より外金剛に及ぼすを可とす。外より内に及ぶは、何となくビーフステーキを喫したる後、ソップを吸ふの感なしとせず。」（347 頁）と感想を述べている。

13 日は長安寺に泊まったが、14 日は末輝里泊であった。そしてあくる 15 日午前 6 時 10 分、自動車で末輝里を出発している。しかし、自動車の性能がまだ必ずしもよくないこの時期、山道を走るのは容易ではなかった。「三人乗の自動車に五人を乗せ、然も大行李、小行李、薪をも欺く杖迄も載せたれば、自動車をして、若し口あらしめば、必ず一言二言の苦情は、申しかね間敷き也。果然、墨坡嶺に登り掛かれば、車は動かざる也」（348 頁）と、ユーモラスな表現を用いながらもなかなか厳しい道中であったことを窺わせる。12 時 50 分、局鉄京元線の駅がある平康（ピョンガン）に到着した。自動車のおかげで可能になった「弾丸ツアー」であったが、このような贅沢ができた旅行者は、ごく少数であったろう。

1917 年、小説家の菊池幽芳（1870-1947）は同じように元山から船で長箭に出て金剛山を旅した。ところが翌年、『朝鮮金剛山探勝記』（菊池、1918）という本を上梓した頃には、総督府鉄道局は元山の葛麻（カルマ）－温井里間と平康－長安寺間に自動車路線を開業し、さらに長安寺極楽殿を改修してホテル経営に乗り出した。この新ルートにより、車船中泊は不要となった。菊池は、作品の最後に次のような新しい行程を紹介している。

往路：京城 7：10-（局鉄）-平康 10：43、11：00-（自動車）-長安寺 18：30
復路：温井里 7：00-（自動車）-葛麻 12：00、12：13-（局鉄）-京城南大門 18：50

早朝に京城を発つと、列車とバスを乗り継いで夕方には長安寺に到達できる。それも快適なホテルである。そして、蘇峰が勧めたようにまず内金剛そして外金剛を回り、最後は温井里からバスで葛麻に出て、その日のうちに京城に帰れるという訳である。全行程4泊5日で旅行費用は、鉄道23.78円（2等）、自動車2.4円、宿泊費（4泊）20円であった。

　作家で各地の旅行記をのこした田山花袋（1871-1930）は、1924年に『満鮮の行楽』（大阪屋号書店）という本を出している。前年に満鉄の招待で実行した、タイトルどおりの大旅行の記録であるが、朝鮮金剛山のくだりを見ると、まず京城から鉄道で平康に向かい、自動車に乗り換えて金化、金城、昌道を経由して金剛山に向かっている。かつて蘇峰も通ったこのルートは道路事情が厳しく、「自動車の前には、一歩あやまれば車も人も落ちて粉砕されてしまふであらうと思はれるやうな深谷がそこに顎を開いたやうに大きく恐ろしく横はつて居た」（田山、1924、370頁、以下同様）と述べている。途中でタイヤのパンクも経験した。

　長安寺に着いた花袋は、「ホテルと言へば、誰でもすぐ立派な二階三階建の建物を想像するであらうが、そこでは私は長安寺の寺の一部がそのまゝ粧飾されて客室になつてゐるのを……目にした」（373頁）と述べている。宿泊施設として営業しているぶんだけ随分泊まりやすくなったはずなのだが、花袋が贅沢をいっているのか、はたまた紀行文として秘境感を演出する必要があったのだろうか。ホテルの従業員に、次のように語らせている。

　此処では、損得を度外してゐるんですよ。何しろ皆な満鉄の社員ですからな。マネイジヤを始め、ボウイでもコックでも皆なさうですからな……。だから、客がやつて来ると、喜びますよ。何しろ、かういふところに半年ゐるんですからな……毎日、平康からやつて来る自動車ばかり命の綱ですからな……。（374頁）

　それでも、「寺に泊れば、朝鮮料理を食はなければならないし、運がわるいと南京虫に攻められないとも限らない」（399-400頁）と述べている。宿坊よりはマシだとは心得ていた。

途中の萬瀑洞というところでは、「私はかねて知つてゐる山水を一番先にそこに当てはめて見た。何処だらうか。何処に似てゐるだらうか。〔中略〕瀞八町か？　猊鼻渓か？　それとも塩原の箒川の渓谷か。日光の深沢か？」（386頁）と述べていて、すぐに日本のどこかと比べてみようとする態度が、先にみた蘇峰の場合と共通している。花袋は上記のすべてを訪れた経験を持っていたのであろう。金剛山全体についてはこんな評価をくだしている。

　　内地の山のやうに感じが複雑してゐなかつた。特色といふものがひとつきりで……石と水と瀑との奇だけで、他に、大きな淵とか激湍とか、奔流とか、高原とか、山上の湖水とか、御花畑とか言ふものがなかつた。それに樹林にしても、日本アルプスの中に見るやうなあゝした密林は竟に発見することは出来なかった（442頁）

　旅先で「ふん、大したことないな」という感想を抱くのは、ヘビートリッパーの特権といえるのかもしれない。

2. 鉄道による金剛山直通

金剛山電鉄の開業

　田山花袋が金剛山を訪れた翌年の1924年8月、金剛山電気鉄道が鉄原−金化間を開業した。関東大震災の影響で電気設備の完成が遅れ、最初は蒸気機関車で運行したが、この年の11月には電車運転を開始している。その後、1925年に金城まで、1926年に炭甘里まで、1927年に昌道まで延伸した。1929年にも縣里、花渓、五両と少しずつ延伸を重ね、1930年には金剛口（末輝里）まで、1931年には内金剛まで開業して、116.6kmが全通した。

　この鉄道は電源開発とセットで構想された。1918年、実業家の久米民之助（1861-1931）が電源開発を構想し、これと併せて鉄道事業を計画したのである。電源開発の方は、朝鮮半島西側の黄海に注ぐ北漢江を流路変更して半島東側の日本海に流し、東側の切り立った地形による高低差を利用して水力発電をする

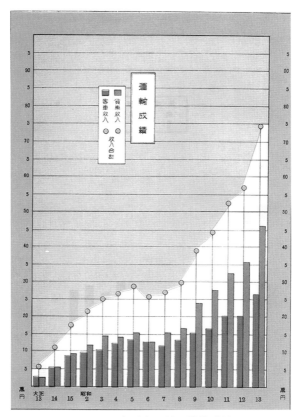

図4-5　金剛山電鉄の営業成績

出典：金剛山電気鉄道『金剛山電気鉄道株式会社廿年史』同、1939年

　という、スケールの大きな計画であった。水利権を得た久米は、軽便鉄道法に
基づき鉄道の免許を得て、1919年12月に東京の帝国鉄道協会事務所で創立総
会を開催した。株主はほとんどが本土の日本人で、役員の大部分も同様であっ
た。1924年、朝鮮半島中央部の電気事業と京城市内の市街電車を営んでいた
京城電気に電気の卸売を開始している。
　金剛山電鉄は必ずしも観光開発のためにのみ敷設されたわけではなかった。
図4-5に同社の運賃収入を掲げるが、当初は客貨が拮抗し、その後1920年代
後半から1930年代にかけて貨物が旅客を圧倒していったことがわかる。1930

年代初頭の世界大恐慌では貨物収入が落ち込んだが、趨勢は変わらなかった。これは、昌道付近で硫化鉄鉱や重晶石など地下資源の開発が行われたことと関係している。金剛山電鉄の沿線一帯では工業化にかかわる資源開発が盛んであった。

　もっとも鉄道事業は赤字体質で、電気事業が会社全体の経営を支える構造であった。なぜ赤字の鉄道を営業するのかといえば、この会社のメインは電気事業であり、鉄道の赤字は電気事業を黒字に保つための経費のようなものと考えられていたからである。つまり、大量の電気を消費する電気鉄道を兼営することで単位あたりの発電コストを下げ、電気事業における価格競争力を強化して経営を良好に保つというわけである。この手法は内地の電気事業者でも用いられたが、電気事業そのものの規模が拡大すると敢えて鉄道部門を抱えておく必要がなくなり、1920年代には鉄道を分社化する場合が増加していた。

　そうはいっても旅客輸送のほうも1930年の末輝里延伸、さらに翌年の内金剛延伸によって大幅に増加した。京城から内金剛までの所要時間は、およそ6時間半ないし7時間半であった。5月1日から10月中旬までの夏山シーズンには、京城23 : 05発、内金剛6 : 10着の直通夜行列車を運転し、2等および3等の寝台車を連結した。局鉄線は非電化だったので、京城から鉄原までは蒸気機関車が客車を牽引し、鉄原から内金剛までは金剛山電鉄の電車がその客車を牽引した。往復または回遊用の割引乗車券も発売し、プロモーションに努めた。1934年には、接続するバスを直営化した。

開発の進展と戦争による崩壊

　金剛山電鉄の内金剛延伸以降、観光開発はますます進展した。同社の社史『金剛山電気鉄道株式会社廿年史』（1939）は、それを次のように誇らしげに記述している。

　当社出現前に於いては金剛山には登山者のための施設らしいものが無かつた。たゞ総督府が夏季登山道路を修築すること、、鉄道局のホテルが分館を山内に設けて登山客に便利を与へてゐた位である。〔中略〕毘廬峰越は一名久米越と称するが、これは当社の初代社長久米民之助博士が、社費を投じて開拓

したものである。〔中略〕当社の開拓によりて内外金剛を通じ老幼婦女と雖も山頂をきわむることが出来るに至つた。(161-162 頁)

ここにあるように、金剛山電鉄は合計約 26km の道路を建設し、登山を極めて容易なものにした。

また、宿泊施設についても拡充をはかった。

山中にある瀟洒にして神秘的な久米山荘は、これも故久米社長が発案して建設したもので石造三階建の頑強な山小屋で如何にも金剛山に相応しい作り方で、登山客を喜ばせてゐる。此処に一泊して……翌黎明、毘盧頂上から日本海の波濤に連るところ、所謂御来光を拝することが出来る。〔中略〕山風呂に疲れを洗ひながら窓外窓下に雄大なる大金剛の連峰を俯瞰する気分は全く痛快極る。探勝客も多き時は一夜二百数十名に達する事もある。〔中略〕内金剛駅前の不知火旅館は当社の建設したもので委託経営であつて、純日本式の整備せる泊心地よき旅館として知られ、浴槽に郭公の声を聴きつゝ明日の登山を夢見ることが出来る。(162-164 頁)

このように、金剛山では電鉄の投資により西洋式のホテルと日本式の旅館を取り揃えた。これらが核となって宿泊施設が集積し、「朝鮮式旅館」なども多数建設された。

少しあとの 1934 年に鉄道省が発行した『観光地と洋式ホテル』というパンフレットには、2 件の西洋式ホテルが掲載されている。「内金剛駅より自動車 3 分」の「長安寺ホテル」は、客室数 12、収容人員 23 人で、毎年夏季の 5 月 1 日より 10 月 31 日までのみ営業する施設であった。宿泊料金は、次のとおりである（74 頁）。

食事なし　一人部屋 2 ～ 3 円　二人部屋 3 ～ 4.5 円
食事あり　一人部屋 7 ～ 8 円　二人部屋 13 ～ 14.5 円

もうひとつの「温井里ホテル」は、「外金剛駅より自動車 15 分」であった。外

金剛駅というのは、総督府鉄道局が元山と釜山を結ぶことを目指して南北から建設を進めた「東海線」の一部で、東海北部線と呼ばれていた。外金剛に達したのは1932年9月のことである。かつては元山から長箭まで一晩かけて

表4-1　金剛山観光客動向（1927-34年）

（単位：人）

年	内地人	朝鮮人	外国人
1927	298	3,733	486
1928	3,390	4,976	434
1929	6,609	6,376	413
1934	15,241	18,270	199

出典：李良姫『民族分断と観光』溪水社、2018年、35頁

汽船で移動していたのが、鉄道で到達できるようになっていた。「温井里ホテル」の客室数は9、収容人員は21であった（76頁）。宿泊料金は次のとおりで、一人利用だと長安寺ホテルに比べてやや高額であった。

　　食事なし　一人部屋3〜6円　　二人部屋3〜4.5円
　　食事あり　一人部屋8〜11円　　二人部屋13〜13.5円

　しかしこうした洋式や日本式のホテルは、日本本土にルーツをもつ「内地人」や上海などに居住する「外国人」（欧米人）に向けたものであった。李良姫は、1927年から1934年までの金剛山観光客の民族別内訳を明らかにしている（表4-1）。金剛山電鉄が末輝里や内金剛に達する前の1927年においては大部分が「朝鮮人」であったのに対し、「内地人」はその1割にも満たなかった。それが、わずかな間に「朝鮮人」と「内地人」の数が拮抗するようになり、観光客の全体数も増加し、金剛山電鉄が内金剛まで開業した後の1934年には年間3万人を突破するようになった。

　こうして、金剛山観光は1930年代半ばから末期にかけて最盛期を迎えた。金剛山電鉄の内金剛駅と局鉄の外金剛駅を拠点として、バスや徒歩で一帯を「探勝」するコースが整備され、ガイドマップなどもつくられた。金剛山観光のシーズンはもともと夏であったが、外金剛にスキー場が開設されてからは一年中を通して観光客を迎える体制ができた。一帯を国立公園に指定する動きも生じた。

　こうした動きを止めたのが、戦争であった。朝鮮半島はさしあたり戦場とはならなかったものの、国立公園指定の動きは止まった。金剛山電鉄は1942年

に京城電気へ合併され、電気事業者の一部門となった。1944 年には、昌道－内金剛間が不要不急の路線とみなされ営業休止となった。

　第二次世界大戦が終結すると、朝鮮半島は日本の支配からはずれ連合国軍の軍政下にはいった。北緯 38 度線を境界として、北はソ連の、南はアメリカの占領下におかれ、「北朝鮮」「南朝鮮」と呼ばれた。金剛山は、「北朝鮮」側に属することとなった。1948 年、北側に朝鮮民主主義人民共和国が、南側に大韓民国が樹立されたが、それぞれソ連とアメリカの強い影響下で激しく対立し、1950 年の朝鮮戦争勃発へと至った。北側の背後にはソ連があり、加えて中華人民共和国義勇軍も戦闘に加わった。南側にはアメリカ軍を中心とする国連軍が支援を行った。北緯 38 度線のすぐ北側を走っていた金剛山電鉄は、この戦争で破壊され、そのまま廃止されたといわれている。

　金剛山電鉄で使用されていた旧デロハニ 100 形 102 号は、平壌（ピョンヤン）の「革命事績車両館」に金日成が乗車した車輛として展示されているそうで、実際に見学したという話もよく聞くが、筆者は確認していない。金剛山は南北融和の象徴としてしばしば韓国からの訪問客などを受け入れているが、政治情勢に左右されて受け入れが取り止められるなど、不安定な状況が続いている。

参考文献・史料

徳富猪一郎『山水随縁記』民友社、1914 年

朝鮮総督府鉄道局『金剛山遊覧の栞』同、1915 年

菊池幽芳『朝鮮金剛山探勝記』洛陽堂、1918 年

中田千畝『最新登山案内』日本評論社、1923 年

田山花袋『満鮮の行楽』大阪屋号書店、1924 年

徳富猪一郎『烟霞勝遊記』民友社、1924 年

金剛山電気鉄道『金剛山電気鉄道株式会社廿年史』同、1939 年（野田正穂ほか編『大正期鉄道史資料〈第Ⅰ期〉』第 2 集第 19 巻、日本経済評論社、1985 年を利用）

水野達朗「田山花袋『満鮮の行楽』の戦略」『比較文学・文化論集』24 巻、2007 年

砂本文彦「日本統治下朝鮮半島における国際観光地・リゾート地開発に関する研究——植民地時代の観光とリゾート」『訪韓学術研究者論文集』9 号、2009 年

林采成「金剛山電鉄における電力・鉄道兼業体制の成立とその経営成果」『東京経大学雑誌（経済学）』297 号、2018 年

李良姫『民族分断と観光——金剛山観光から見る韓国・北朝鮮関係』渓水社、2018 年

〔パンフレット〕「観光地と洋式ホテル」鉄道省、1934 年

第5章

「健全なる」戦時の旅行

1. 戦時ツーリズムと青年徒歩旅行

旅行と精神の鍛錬

1938年に鉄道省東京鉄道局が発行した『青年徒歩旅行　鍛錬の夏』というパンフレットに、次のようなくだりがある。

> 日支事変起つて茲（ここ）に一周年、前線の将士は陸に海に、空に江上に連戦連勝を続け、破竹の意気将に四百余州を圧して居ります。〔中略〕この時代、この時期に方つて明日を荷ふべき銃後の国民は何を為したらばよいか、種々の職場を持つ銃後の国民は夫々の職責を完全に果すべきでありますが、余暇を善用して山に登り海にひたり健康保持に努力し長期抗戦に対抗し行くべき事は実に銃後国民の為すべき第一事であると信じます。〔中略〕心身を山岳、高原、峡谷、湖畔、渓流の辺りに鍛へる事はこれ亦銃後国民の執るべき責任の一であると存じます。(24頁)

1937年の盧溝橋事件をきっかけに、日本と中国は全面戦争に突入した。日本政府は当初不拡大方針をとったが間もなく放棄し、戦争は長期化していく。このパンフレットが発行された1938年、日本は蒋介石率いる国民政府について「対手とせず」という声明を発しつつもひそかに和平交渉を進めたが、失敗

に終わった。しかし国民に対してはあくまで明るく振る舞い、戦争だからといってただちに「余暇」をやめるのではなくて、それを「善用」し「健康保持」のため山に登り心身を鍛えることが「銃後国民」の責務であると述べた。

　戦間期においては、登山におけるツーリズムが普及し、大衆化が進展した。そうした動きは1930年代後半の戦時期に入ってただちに衰退したのかというと、そうではない。むしろ逆に、戦時期こそツーリズムが活発化したのである。こうしたことが歴史学界において指摘されるようになったのは、1990年代であった（高岡、1993および藤野、1999）。

　ただし、戦時のツーリズムは戦間期のそれをそのまま引き継いだわけではない。鉄道省は、「青年徒歩旅行」がそれ以前の旅行とどのように異なるのかについて、次のように説明している。

> 元来鉄道省で行つてゐる青少年を対象とする旅行には、之まで登山、スキー、スケート、ハイキングなどがあり、その何れも国民保健運動に相当寄与して来たのである。その中でハイキングは山野を跋渉するといふ点で今回の青年徒歩旅行に似てゐるが、従来のハイキングは、稍もすれば精神的訓練の方面が等閑視されがちで、国民精神訓練の糧とするには物足りない感が深いのである。青年徒歩旅行の運動は単なる保健運動ではない、前にも述べた如く肉体的鍛錬に精神的教養を加味した一種の訓練教育である。（4頁）

従来の「登山、スキー、スケート、ハイキングなど」は「肉体的鍛錬」には寄与したが「精神的訓練」の面では物足りなかったというのである。どういうことであろうか。

　そのヒントは、1939年に日本旅行協会（ジャパン・ツーリスト・ビューローの国内向け事業における名称で鉄道省と密接な関係にあった）が発行した『旅行宣伝』という旅行業界関係者向けの刊行物に述べられた、次のような記述にある。

> 鉄道省にあつては……旅行の保健化を唱道して、旅行による健康増進を大いに強調し、そのために登山、スキーの他に山野を跋渉するハイキングを推奨したのであつた。ハイキングは体位向上運動の中で誰にも手軽く実行出来る

ものとして全国的に盛んに行はれることになつたが、ハイカーの数が増える
につれて、その根本精神であるべき質実剛健の風を忘れて服装や持物に華美
をつくしその行動は軽佻浮薄に流れる等面白からぬ風潮が現れて来た。又登
山、スキー等にあつても同様の傾向があり〔後略〕（4頁）

これによると「ハイキング」はもともと健全で健康的な、旅行を「保健化」し
得るものと期待された。しかし、人びとは「服装や持物」などのファッション
に気を使うようになり、もともとあったとされる（実際にはどうだかわからない
が）「質実剛健」の精神が失われたというのである。その傾向は、「登山」や
「スキー」においても同様であったという。

　こうした登山の俗化に対しては、アルピニストも批判的であった。先に触れ
た高岡裕之の研究（高岡、1993）は、1935年7月の日本山岳会『会報』に「も
少し山といふものをつゝましやかに登れないものでせうかね〔中略〕此の頃流
行るハイキングとかいふ胸くその悪いもの」という声が掲載されていることに
触れている（原典は筆者も確認）。

　こうした状況をふまえ、政府に近い立場にあった日本旅行協会は、旅行の再
定義を試みた。「旅行に文化的意義をもたせて、よしその旅行が単なる慰安、
休養のものであつても、祖国の伝統と文化とを探り、精神力や体力を向上させ
るのに役立つやう慫慂することを念とすべき」としたのである。このように、
戦時ツーリズムは肉体と精神の修養が期待されるものとして正当化された。

青年徒歩旅行の精神

　「青年徒歩旅行」は、このような反省にたって政府が1938年に提唱した、新
しい旅行の形態であった。厚生省、文部省、鉄道省と日本旅行協会が共同で
「青年徒歩旅行連絡委員会」を設置し、推進主体とした。その内容は、次に掲
げる「綱領」によって知ることができる。

　一　本旅行は発育途上にある男女青少年運動の一部門として青少年に簡素に
　　　して規律ある徒歩旅行をさせ、光輝ある我国土の正しき認識によつて愛
　　　国、愛郷心を振起させ併て心身の鍛錬に努めさせんとするものである。

一　本旅行は集団的訓練を本旨とし、自治、協同、奉仕の精神をも修練する
　　ため必ず五人以上一団となり、責任ある指導者が之を引率指導すること
　　になつてゐる。
一　本旅行は所定の行路を徒歩し、その途中に設定される指定の青年宿泊所
　　に必ず宿泊することになつてゐる。
一　宿泊所は一種の修練道場で、そこでは定められた規律に従つて行動し、
　　所長の指示に依つて質実、剛健、自治、協同の生活を営み併せて未知の青
　　少年相互の交驩融和を図らんとするのである。
一　本旅行の行路は光輝ある我国の歴史を語る史跡、忠臣先賢の遺蹟、傑出
　　した大自然郷、躍進途上にある産業地帯などを包含して選ばれてゐる。
一　本旅行に参加する者は常に明朗闊達にして溌剌とした青年の意気を発揮
　　すると共に自律自戒を旨とし、奉仕の精神の下に一般国民の模範となる
　　べきことを期待される。(2頁)

　中身を確認しつつ、同書の解説（8-17頁）によって補足を加えていこう。
　第1条では、青少年を対象とする徒歩旅行であることが、第2条では5名以
上の団体行動であることと引率者をつけることが述べられている。具体的には
25歳以下の男女が、青年団や少年団、学校などの単位で旅行することとされた。
引率者は指導者証明書の交付を受けた「旅行指導者」とされ、団員20名ごと
に指導者1名を追加することとなっていた。徒歩旅行とはいえ目的地までは鉄
道を利用するのであり、乗車券は半額に割引された。
　第3条と第4条は、鉄道省がコースを設定することと、指定の「青年宿泊
所」に必ず宿泊すること、その宿泊所が「一種の修練道場」であり、所長の指
示に従って規律正しく過ごすことを定めている。宿泊所への申込は旅行者では
なく駅が行った。宿泊所に指定されるのは、神社、寺院、青年会館、民家、
山・海・温泉の家、簡素な旅館、学校等であり、寝室、浴場、広場などのほか、
自炊場、神棚、国旗掲揚柱も設けることと定められていた。所長は府県の委嘱
により任命された。宿泊者たちは早寝早起きを励行させられ、毎朝、宮城遙拝
と国旗掲揚を行うこととされた。また、飲酒は禁止されていたが、成人の喫煙
は可能であった。

図5-1　デザイン性に富んだ表紙と裏表紙

出典：東京鉄道局『青年徒歩旅行　鍛錬の夏』同、1938年

　第5条では、青年徒歩旅行の立ち寄り地が歴史上の意義をもつ（とされた）場所、大自然、それから最新の産業に触れる場所から選ばれていることが述べられる。第6条は、徒歩旅行の結果として形成が期待される人間像を述べている。たとえば、鉄道運賃の割引のおかげで浮いた料金を「愛国旅行貯金」に回すことが奨励された。

　このほか旅行者の持ち物として挙げられたのは、雨具、肌着の着替え、腹巻、食器類、寝具類、ナイフ、マッチ、通信用品、洗面用品、懐中電灯、薬品などである。食事は自炊が奨励された。「たとへそれが不味であつても自分が煮炊したものは楽しく美味しく食することが出来るから」（13頁）であった。

　図5-1は、『青年徒歩旅行　鍛錬の夏』の表紙と裏表紙である。表紙は背嚢（リュック）を背負った若者のシルエットに海と山そして社寺があしらわれた、デザイン性の高い、モダンなグラフィックである。裏表紙には青年宿泊所となった千葉県の香取神宮に参拝する少年の後姿の写真があしらわれているが、

相当に作為的な構図である。いずれも戦後にも通用しそうな現代性をおびているが、こうした視角的な効果を通じて若者に訴求しようと考えたのであろう。

青年徒歩旅行のコース

　青年徒歩旅行は、初年度は 1938 年 7 月 20 日から 1939 年 3 月 31 日まで発売された。全国の鉄道局ごとにコース設定と販売が行われたようであるが、以下ではひとまず東京鉄道局の場合について記す。

　まず発売所であるが、東京市、川崎市、横浜市、横須賀市、平塚市、熱海市、沼津市、八王子市、浦和市、川口市、熊谷市、高崎市、前橋市、桐生市、足利市、栃木市、宇都宮市、水戸市、平市、市川市、船橋市、千葉市、銚子市、吉祥寺、三鷹の省線各駅、それに百貨店内の鉄道旅行案内所および日本旅行協会であった（15 頁）。都道府県単位ではなく鉄道局の管轄区域を範囲としていた。発売駅は市部に偏しており、この商品の主な利用者として都市部の青少年が想定されていたことが窺える。

　次にコースであるが、東京鉄道局管内では以下の 5 つが設定された（15-16頁）。

1. 　敬神崇祖コース　香取神宮、鹿島神宮、小御門神社　徒歩約 22km　6 日間 1.67 円または 1.90 円
2. 　敬神史跡コース　鎌倉、寒川神社　徒歩約 11km　6 日間 1.10 円
3. 　敬神崇祖コース　泉子育観音、筑波神社、富谷観音　徒歩約 21km　4 日間 1.78 円または 1.88 円
4. 　敬神史跡巡拝コース　三石観音、清澄寺　徒歩約 18km　4 日間 1.81 円
5. 　偉人、先覚者遺蹟コース　乃木神社、三島神社　徒歩約 18km　6 日間 2.54 円

　1 番は千葉県北東部と茨城県東南部、2 番は神奈川県南部、3 番は筑波山を中心とした茨城県西南部、4 番は房総半島、5 番は栃木県の那須に立地する乃木希典と三島通庸を祀った神社への参詣である。いずれも神社仏閣への参詣が中心である。行程は 4 〜 6 日で、料金は東京のターミナル駅からの運賃であっ

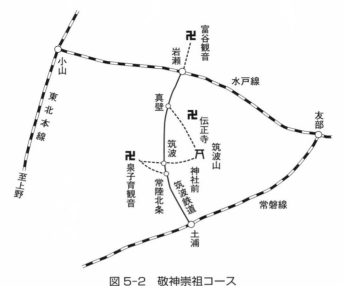

図5-2　敬神崇祖コース

出典：東京鉄道局『青年徒歩旅行　鍛錬の夏』同、1938年、19頁を加工

た。

　本書は登山がテーマなので、3番の「敬神崇祖コース」（図5-2）を詳しく見
てみよう（16-17、19-20頁）。一行はまず常磐線で土浦まで行き、そこで私鉄
の筑波鉄道（1985年廃止）に乗り換えて常陸北条まで行き、1.5kmを歩いて泉
子育観音に参詣する。ここは宿泊所になっていて、宿泊費は1泊2食付きで
1円、自炊の場合は50銭、昼食用の弁当を用意してもらうと15銭であった。
翌日はふたたび筑波鉄道に乗車し、筑波駅で下車して今度は筑波神社へ行く。
ここも宿泊所で、料金は子育観音と同額である。筑波山頂までは徒歩で登り、
さらに10km以上を歩いて真壁の伝正寺に立ち寄り、真壁駅から筑波鉄道で岩
瀬に達したのち徒歩で4km先の富谷観音に宿泊。これも前夜と同じ料金であ
る。岩瀬は国鉄水戸線の接続駅であり、ここからは常磐線友部駅または東北本
線小山駅を経由して、上野方面へ戻ることになる。

　以上の行程は逆に回ってもよく、旅行期間も最長で3泊4日となるが、上記
3か所のうち1か所または2か所に泊まることとして途中の立ち寄り先を省略

しても構わなかった。ただし、宿泊地を1か所とする場合は、他の2か所のうち1か所には立ち寄る必要があった。たとえば筑波神社のみに宿泊する場合は、泉子育観音か富谷観音に行く必要があった。仮に泉子育観音と筑波神社にそれぞれ1泊ずつする場合は、富谷観音に立ち寄る必要はない。鉄道運賃は、帰路に友部経由ならば1円77銭、尾山経由であれば1円88銭であった。もし3泊すべて2食付きで弁当も用意させると、運賃と宿泊料の合計は最高で5円33銭となる計算である。図5-2は、以上の行程を図示したものである。

ところで、筑波山には当時、筑波神社と筑波山頂を結ぶケーブルカーが走っており、さらに筑波駅から筑波神社までも路線バスが運行されていた。これらについては、「〔筑波〕駅から県社筑波神社下迄バスもあるが松林の中を歩くがよい。〔中略〕ケーブル・カーは神社脇から山頂鞍部の御幸ヶ原迄通じてゐるが歩いて登つても大した山ではない」（19-20頁）と書かれていた。

ケーブルカーを運行していたのは、1925年に開業した筑波山鋼索鉄道であった。同社の1929年度以降の営業成績を営業報告書から作成したのが表5-1である。

これによると、1930-31年度にかけて大幅に落ち込んだ旅客数が1936年度

表5-1　筑波山鋼索鉄道の営業成績および損益

年度	人員 （人）	収入 （円）	営業費 （円）	金利 （円）	雑損 （円）	減価償却 （円）	当期損益 （円）
1929	165,771	59,373	33,044	23,056	3,250	——	22
1930	106,904	35,159	16,853	23,542	——	——	▲5,236
1931	103,847	37,501	11,325	24,204	7,000	——	▲5,027
1932	114,463	34,492	13,404	24,270	——	——	▲3,182
1933	143,311	43,346	13,679	24,092	5,451	——	123
1934	137,308	40,787	19,508	17,234	7,494	——	▲3,450
1936	149,771	44,796	18,629	15,944	10,110	——	112
1937	111,249	33,261	15,762	14,833	2,625	——	40
1938	108,081	32,780	16,536	14,641	1,580	——	23
1939	121,123	37,409	22,681	14,692	——	——	36
1940	172,302	59,174	44,688	14,358	——	——	128
1941	154,812	52,670	39,691	12,863	——	——	116
1942	175,246	60,746	22,591	11,941	——	26,000	214
1943	n/a	50,865	20,151	10,839	——	19,650	226

注：年度は2月1日より翌年1月31日。1円未満は四捨五入。
出典：筑波山鋼索鉄道　各期営業報告書

までに回復しつつあったこと、1937-38年度にかけて再度大幅に落ち込み年間10万人程度となっていたことがわかる。収入から営業費を引いた残りは黒字であったが、利払いがかさんで経営は決して楽な状態ではなく、とくに1937年度は「下期ニ至リ支那事変ノ影響ニ依リ登山客激減」と報じられ、1938年度には資本金35万円を28万円に減資するというありさまであった（営業報告書）。減資前の筑波山鋼索鉄道は7000株のうち京成電気軌道が1300株を保有しており同社の影響下にあったが、同時に筑波神社も600株を保有する第2位の株主であった。筑波神社への参拝と宿泊を促しながらケーブルカー乗車をあえて勧めない鉄道省のことを関係者がどう思ったかはわからない。その後、ケーブルカー利用客は増加したが、1944年2月に不要不急の路線として営業休止となった。戦後、再開したのは1954年であった。

2. 戦時の旅行とモダニティ

グラフ雑誌にみる青少年の旅行

『写真週報』は1938年2月に創刊された週刊のグラフ雑誌である。発行主体は内閣情報部で、政府による国策宣伝媒体であった。全国の書店や売店に置かれ、発行部数は最大30万余部にのぼった。木村伊兵衛や土門拳など、戦後も活躍した著名な写真家が多数起用されたことでも知られる。その第26号に、青年徒歩旅行に関する記事が掲載されている。おそらく札幌鉄道局が設定したのであろう、北海道の大沼と駒ヶ岳山麓を歩くコースの記事が掲載されている（図5-3）。

写真の撮影者は「鉄道省」とされており、個人名は登場しない。しかし、これらは決して偶然にシャッターを切ったものではなく周到な準備を経て得られた構図である。そこに巧みなキャプションが付されることで、読者に特定のメッセージが強く訴えかけられる仕掛けになっているのである。

たとえば、右上の写真には「出発、大沼駅に降り立つた我々は指導者の訓示をうけ、勇躍コースにつく。駅前に屯するバスなどには目もくれずに。」というキャプションがつく。画面の左端にバスの車体を写りこませていることは、

構図に奥行きを与える効果を持つが、写真としてはそれ以上でもそれ以下でもない。「バスなどには目もくれずに」というキャプションがなければ、大半の読者はそれこそ画面中のバスには目もくれないところであろう。しかしこの一文が加わることで、読者は青年徒歩旅行に当局が期待する価値観を瞬時に理解し、無意識のうちにそれを共有するのである。ここに写っている青少年たちが本当にバスに目もくれなかったのかどうかはわからない。そもそも、本当に目もくれなかったのであれば、彼らを主語にしたこの文は成立しない。要するに、このキャプションの本当の主語

図 5-3　青年

出典：『写真週報』26 号、1938 年、WEB サイト アジア歴史資料セン

は、彼らではない。さらにいえば、そもそもこの被写体となっている若者たちが本物の旅行者なのかどうかさえも、怪しいところなのである。

　右下の写真はどうであろう。全員がカメラを向いて座しているのは撮影のためであろう。そこに付されたキャプションには「ひるだ。めしだ。『食つてよろしい』の指導者の号令一下、たちまち草原の一角を占拠して、日の丸弁当をパクつく。健康な胃袋はさつきからぐう〳〵となつてゐた。うまい。」とある。

　左上の写真では、それぞれにポーズを付けた後姿を配置しており、「雄大な自然の風光をあかず眺めてゐると、われ〳〵の魂までが自然の中に大きくとけ込んでいく気持がする」というキャプションがついている。写真とキャプションの組み合わせによって読者にどのような感興を抱かせようとしているのかは、

徒歩旅行の記事

ター（原本所蔵：国立公文書館）、Ref.A06031062100

もうおわかりであろう。左下の「駒ヶ岳爆発泥流跡」という標識を写りこませた構図などは、ほほえましいほどに説明的である。

青年徒歩旅行そのものではないが、『写真週報』からもう一つ記事を紹介しよう。1938年7月に「日独伊親善協会」が主催した「防共盟邦富士登山隊」による富士登山を扱ったものである。登山隊は、ドイツ、イタリアのほか、ハンガリー、スペイン、満洲国、中華民国臨時政府（北京に置かれた日本の傀儡政権）、そして日本の学生らから編成された。要するに青少年の団体による富士登山である。カメラマンは戦後に日本を代表する写真家のひとりとなる土門拳（1909-90）。この記事のハイライトは、富士山頂の断崖で代表団が「7か国」の国旗を振るのを見上げた一コマであろう（図5-4）。といっても、実は日の丸とナチスのハーケンクロイツがひときわ目立つカットが選択されているのであるが。キャプションには「世紀の感激を込めて、富士山頂に、振る、振る、防共国旗。今ぞ日本の、世界の夜明けは、颯々と旗風に鳴る。」とある。わかったようでわからない空虚な言葉であるが、それゆえに読者は理屈抜きの高揚感を煽られる仕掛けである。

筆者は、これらをプロパガンダであるといって非難したいのではない。そんなことは自明の前提として、こうした手法がもしかすると私たちに馴染みのある旅行ガイドブックなどと共通するのではないかという点に注意したいのであ

図5-4 土門拳による「防共盟邦富士登山隊」の写真

出典:『写真週報』25号、1938年、WEBサイト アジア歴史資料センター（原本所蔵:国立公文書館）Ref. A06031062000

る。『写真週報』は1冊あたり10人程度に回覧されたといわれており、読者は最大で200-300万人いたとされる。その人々は、もちろん青少年ばかりではない。ここで読者に訴求されたのは、青年徒歩旅行がどういうものであるかとか防共富士登山がどのようなものであったかということではなく、青少年に表象されるところの明るさや健全さであった。

厚生省の青年宿舎構想

青年徒歩旅行を推進した官庁の一つは、内務省衛生局と社会局を母体として1938年1月に発足した厚生省であった。その筆頭格とされたのが体力局である。戦時下において、国民の体力向上はそれほど大きな意義を与えられた。その厚生省体力局が、1938年に『青年徒歩旅行と青年宿舎』という冊子を刊行している。青年徒歩旅行の宿舎は、すでに見たようにさしあたり神社などの流用によって確保されたが、厚生省はそれに満足せず、新しいタイプの宿泊施設を整備しようとした。

なぜそのような新しい宿舎が必要なのかといえば、「日本古来の徒歩旅行運動は……遍路行脚、講中等の宗教的色彩を有する形式に於て、大衆の間に根強く普及したものであつた」が、「現代に於ては、甚しく退嬰的現象を示し、その為の宿泊施設についても僅かに少数の宿坊等が用意されたに過ぎず、多くは堂宇、僧庵、民家等が便宜利用されて居る状態に過ぎない」からであるという（7頁）。「汎ゆる階級の青少年をして差別相克の観念を一掃して国民親和の実

を挙げしめ、規律ある団体的生活訓練の実相を体得せしめ、簡素なる生活の中に困苦欠乏に堪ふる習慣を養はしめると共に、自らの観察と体験に依つて郷土及国土に対する愛郷愛国の念を深からしめる等の諸点は、青年宿舎の使命」と

図 5-5　ドイツ南部、ベルヒテスガーデンのアドルフ・ヒトラー青年宿舎

出典：厚生省体力局編『青年徒歩旅行と青年宿舎』同、1938-40 年、国立国会図書館デジタルコレクション

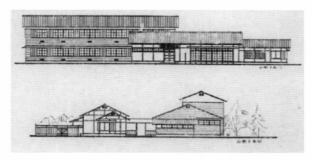

図 5-6-1　「畳敷式小室を有する中宿舎」

出典：図 5-5 に同じ

図 5-6-2　「寝台式小室及大室を有する中宿舎」

出典：図 5-5 に同じ

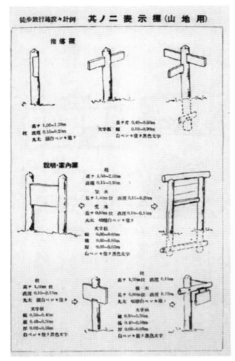

図 5-7-1　山地の案内に用いる表示標

出典：図5-5に同じ

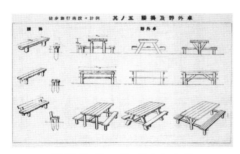

図 5-7-2　ベンチとかまど

出典：図5-5に同じ

いうのである（2頁）。

　こうした問題意識を持つ厚生省が参照していたのが、ドイツのワンダーフォーゲルであった。ワンダーフォーゲル運動は1896年にカール・フィッシャーによって開始された運動で、1910年にワンダーフォーゲルのための青年宿舎（ユーゲント・ヘアベルゲ）が誕生した。当初は古城、僧坊、農家、工場などを改造したものも多かったが、のちにナチス政権がこの運動を体制内に取り込んで組織化を進める過程で、ドイツ青年宿舎中央事務局の指導監督のもと、建築様式、外観、内部構造、設備などに「青少年の趣向を汲んで、独逸固有の国民文化を表現する意匠」（5頁）を取り入れて整備が進んだ（図5-5）。1935年現在、1882の施設が稼働していたという。

　かくして厚生省は青年宿舎標準を設定し、これにしたがった青年宿舎の整備を目指した。まず、収容定員に応じて小宿舎（50人以下）、中宿舎（50-100人）、大宿舎（100人以上）を設定した。そして、小宿舎は一棟式、中宿舎と大宿舎は分散式の配置とした。宿泊室は畳敷式・寝台式・厩舎式のいずれか

とし、小室は4あるいは6-20人、大室は20-80人、廠舎式は150人までを収容するものとした。その外観と平面図の事例を図5-6-1〜2に掲げるが、これらは戦後の「青年の家」（文部省所管）や「ユースホステル」（運輸省所管）の建物を思い起こさせはしないだろうか。

　厚生省体力局が目指したのは、それだけではなかった。青年徒歩旅行に用いられる山小屋風の休憩所や、旅行者用の案内板および道標、自炊用のかまどや休憩および食事用のベンチなど、徒歩旅行に必要なさまざまな設備の標準設計を示すとともに（図5-7-1〜2）、配置例なども示した。そのデザインは、戦中というより戦後の青年宿泊施設などで実現していったように思われる。

「ほんたう」の旅と「不道徳」な旅

　青少年のみならず一般の人々の旅行についても、青年徒歩旅行をモデルに健全な旅行として再定義することが試みられた。1938年夏、鉄道省は「青年徒歩旅行」とともに一般向けのコースを「鍛錬の夏」と題して売り出した。コースは41設定され、「敬神崇祖の精神涵養の旅行」「忠臣、偉人を偲ぶ旅行」「情操教育涵養」「質実剛健の旅行」「自然科学探究の旅行」「保健療養の旅行」のいずれかにカテゴライズされた。といっても、一般の人々にとっては政府による意義づけなどどうでもよいことであったろう。1930年代末から1940年代初頭は一種の旅行ブームとも呼ぶべき状況となり、列車は大混雑した。

　こうした状況に変化が現れるのは、1941年ころからであった。工藤泰子の研究（工藤、2011）によれば、この時期には「敬虔な気持ちでつつましく」行う「ほんたうの旅」と、「不道徳、不健全、個人主義的」な旅とを弁別し、後者を排除しようとする言説が雑誌に登場する。それは、旅行者自身の自主的な内省と、他者との関係による同調圧力とによって旅行需要を抑制しようとする言説であった。

　しかし、その程度のことで旅行をやめる人々ばかりではない。たとえば東京から熱海までの近距離切符の販売を制限すると、遠距離切符を購入し目的地以遠の権利を捨ててしまう人が続出した。逆に遠距離切符を制限すれば、その一駅手前までの切符が大人気になるという有様だった。

　しかし、こうした「不道徳」な人々を、したたかと評価するだけでは一面的

であろう。人々はおそらく、それなりに真面目に政府の旅行自粛要請に応えていた。しかし、政府が戦争について明るいニュースを伝えればそれだけ解放感が広まり、旅行の機運も高まる。戦局を伝える一つ一つのニュースが、（後世からみれば事態の悪化を隠蔽する虚偽に過ぎなかったとしても）人々を旅行へと駆り立てた可能性はないだろうか。

　人々の旅行を制限するのに実効性をもったのは、運賃・料金の大幅値上げや長距離列車の削減などであった。上田卓爾の研究（上田、2013）によれば、1944年3月に「決戦非常措置要綱ニ基ク旅客輸送制限」が閣議決定され、警察による旅行証明制度をはじめとする強力な制限が課された。さらに、本土空襲の本格化や国民生活水準の大幅な低下によって、ようやく旅行は下火になっていく。もっとも、この段階では新たに疎開のための旅という需要が発生する。

　ただ、この段階にいたってもなお様々な抜け穴があったことは、作家の宮脇俊三（1926-2003）が『時刻表昭和史』（1997）で述べているとおりであった。十代前半であった宮脇は、元陸軍軍人で衆議院議員も務めた父・長吉に連れられ、戦時中も頻繁に鉄道旅行に出かけた。特権階級の抜け駆けと言ってしまえばそれまでであるが、「不道徳」と後ろ指をさされても多感な年齢の愛息を旅行に誘わずにいられなかった父親の気持ちもよくわかる。かくして俊三少年は、疎開先から旅行に出かけた先の山形県・今泉駅で終戦を迎えることになった。

参考文献・史料

東京鉄道局『青年徒歩旅行　鍛錬の夏』同、1938年

内閣情報部『写真週報』25号、26号、同、1938年

厚生省体力局『青年徒歩旅行と青年宿舎』同、1938年

日本旅行協会『旅行宣伝』同、1939年

高岡裕之「観光・厚生・旅行——ファシズム期のツーリズム」（赤澤史朗・北河賢三編著『文化とファシズム』日本経済評論社、1993年）

宮脇俊三『時刻表昭和史　増補版』角川書店、1997年（ここでは角川文庫版2001年を参照）

藤野豊「ファシズム体制下の立山連峰・黒部峡谷」『富山国際大学紀要』vol.9、1999年、

工藤泰子「戦時下の観光」（『京都光華女子大学研究紀要』49号、51-62頁、2011年）

上田卓爾「戦時下における旅行制限とガイドブックについて」（〔星稜女子短期大学〕『星稜論苑』41号、1-12頁、2013年）

第 6 章

電源開発と立山黒部アルペンルート

1. 戦前・戦中の電源開発と観光

水力発電の普及と電源開発

　立山黒部アルペンルートは、富山県の立山駅から立山連峰（3015m）と赤沢岳（2678m）を越えて、というよりもトンネルで貫いて長野県の扇沢駅（大町市）に達する、日本屈指の山岳観光ルートである（図6-1）。標高475m の立山駅から出発すると、ケーブルカーとバスを乗り継いで標高2450m の室堂駅に達する。ここはアルペンルートで最も高いところで、ホテルが併設されているほか山頂への登山口にもなっている。その先はトロリーバスで立山を貫いたのち、ロープウェイとケーブルカーを乗り継いで山を下り、黒部湖に出る。これは黒部川第四発電所のために作られた黒部ダム（黒四ダム）によってできた人造湖である。ダムの堤塘上を15分ほど歩いて、こんどは赤沢岳を貫くトンネル内をバッテリー式の電気バスで抜け、扇沢に達する。この区間には、2018年までは架線から電気を取り入れるトロリーバスが使用されていた。

　このように、アルペンルートは多くの交通機関を乗り継ぐようになっており、その距離は途中の徒歩連絡0.6km を含めて37.2km、所要時間は乗り換えに要する時間を含めずに110分、運賃は片道で1万940円である（2024年現在）。単なる移動手段として考えると時間がかかるうえに高額だが、これらは移動手段というよりも乗車・搭乗の体験自体を楽しむためのものというべきである。

自然環境が厳しいため4月から11月までしか営業できず、メンテナンスにも大変な手間がかかることを思えば、必ずしも高額とは言えない。スイスの登山鉄道などでも運賃はかなり高額で、それと比べればむしろ安いと感じるかもしれない。

立山黒部アルペンルートは中部山岳国立公園内に位置し、美しい自然の風景が見どころであるのは疑いないが、山奥の巨大人造物である黒四ダムもハイライトとなっている。このことは、この一帯の開発がもともとは水力発電所を建設するため

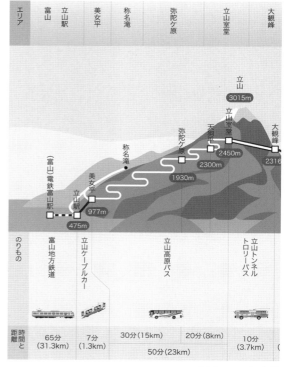

図6-1　立山黒

提供：立山黒部アルペンルート

であったことを物語っている。まずダムや発送電設備の建設計画があって、そこへの道路や鉄道を敷設するのにあわせて観光施設も整備されたのである。

　日本の電気事業は、最初は需要地に近いところに小規模な火力発電所を建設したが、日露戦後になると遠隔地に大規模水力発電所を建設して高圧線で送電する方式が広がった。1907年に完成した東京電燈の駒橋発電所（山梨県）や、1914年に完成した猪苗代水力電気の猪苗代第一発電所（福島県）などが有名である。筑豊炭田を背後に控えた福岡県では石炭を安価に入手できたため例外的に大規模火力発電が発達したが、国内のその他の地域では1920年代以降、急峻な地形を利用した水力発電が主流となった。ダムは発電のみならず治水にも有効とされ、下流における河川改修と一体で建設が推進された。

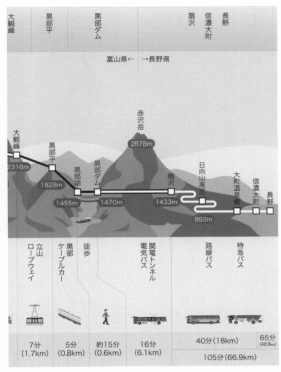

大観峰

黒部平

黒部ダム

扇沢

長野
信濃大町

富山県←　→長野県

赤沢岳
2678m

大観峰
2316m

黒部平
1828m

黒部湖
1455m

黒部ダム
1470m

扇沢
1433m

日向山高原

大町温泉郷

信濃大町

長野

893m

立山
ロープウェイ

黒部
ケーブルカー

徒歩

関電トンネル
電気バス

路線バス

特急バス

7分
(1.7km)

5分
(0.8km)

約15分
(0.6km)

16分
(6.1km)

40分(18km)

65分
(48.9km)

105分(66.9km)

部アルペンルート

　そして、これらの目的のための開発と並行して観光開発も構想された。東京の水源としてつくられた村山貯水池（多摩湖、1927年竣功）、狭山貯水池（山口湖、1934年竣功）の一帯では、戦前から観光開発が行われ、武蔵野鉄道、西武鉄道、多摩湖鉄道（いずれも現・西武鉄道）が路線を開業した。電源開発においては、このあと述べるように富山県が戦前から観光開発を構想した。この種の開発は、第二次世界大戦後になると本格的に展開する。

常願寺と黒部川における開発のはじまり

　富山県は東西南の三方向に高地・山地が控え、北部の富山平野と富山湾をぐるりと囲むようになっている。川は各方向の山から富山平野に集まってそのまま富山湾にそそいでおり、1920年代になるとそれらの河川では電源開発がなされるようになった。立山黒部アルペンルートに関係が深いのは、県東側の常願寺川筋と黒部川筋である（地図6-1）。

　常願寺川筋での電源開発に積極的だったのは、富山県当局であった。1920年、県は県営発電所の建設とそれに附帯した鉄道の建設を決定した。発電所の工事に必要な資材や人を運搬するためであったが、完成後は登山遊覧に供用することも構想されていた。こうして、1923年に富山県営鉄道の南富山－千垣間が

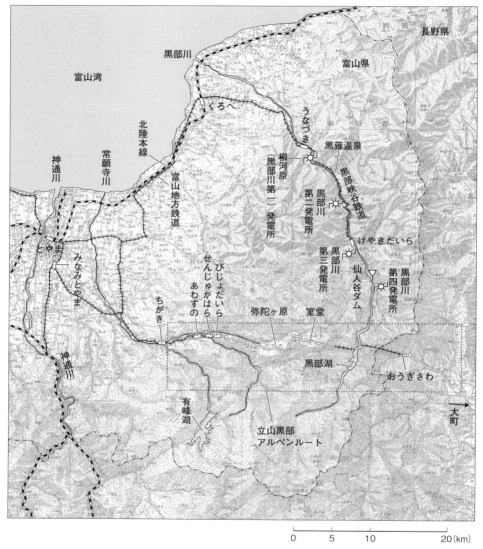

地図 6-1　常願寺川および黒部川筋開発と交通網（1970年代）

出典：国土地理院20万分の1地勢図「富山」（1969年10月）、「高山」（1969年8月）を加工

開業し、翌年には３つの県営発電所が完成した。その後、この川筋には戦後にかけて全部で 27 の発電所が建設されていく。富山県は、この一帯で電源開発とともに登山道やヒュッテを建設し観光地とすることを構想した。内容は「昇降機関」（ケーブルカーなどか）や山上の自動車道、そして弥陀ヶ原のホテルなどといったもので、戦後のアルペンルートの姿そのものである。1934 年には富山・新潟・長野・岐阜の４県にまたがる中部山岳国立公園が内務省により設定され、立山黒部もその一部となった。1937 年には、上記の構想を受けて県営鉄道が粟巣野まで延伸された（立山黒部貫光 30 年史編集委員会編、1995）。

　青木栄一らの研究によれば、黒部川筋の電源開発は、東洋アルミナムという企業が乗り出したのがはじまりであった。アルミニウム製造には大量の電気を必要とするため、みずから電源を確保しようとしたのである。この開発のために同社は傘下に黒部鉄道を設立し、1922 年に三日市から途中の下立（おりたて）までを開業して、翌年宇奈月まで延伸した。このとき、上流の黒薙（くろなぎ）から温泉を引くことで観光地として整備されたのが、宇奈月温泉である（青木・亀田、1970）。しかしこの間、東洋アルミナムはアルミニウム製造を断念して電気事業に専念する方針に転じ、1922 年には五大電力の一つに数えられた日本電力の傘下に入った（1928 年合併）。こうして、黒部川筋の電源開発は日本電力の手に委ねられることとなり、宇奈月温泉より上流では同社が専用鉄道を建設していった。1927 年には柳河原（黒部川第一）発電所が完成した。なお、その鉄道の軌間は762mm で黒部鉄道の 1067mm に比べて狭く、車体も小さかった。登山客には便乗を認めていたが、戦後の 1953 年に「黒部峡谷鉄道」として一般営業を行う鉄道へと種別が変更されることになる。

　その後は 1936 年に黒部川第二発電所が、1940 年に黒部川第三発電所が完成した。第三発電所のための「仙人谷ダム」建設に際しては専用鉄道をさらに延伸することとしたが、地形の関係から線路をそのまま延ばすことができず、貨車用のエレベータを使って 200m ほど持ち上げ、そこから「上部軌道」と呼ばれるほとんどトンネルの区間を建設した。この工事は地熱に悩まされ、吉村昭の小説『高熱隧道』（1967 年）の題材にもなった。

　1930 年代末には電気事業に対する政府の関与を強めることが望ましいとする考え方が強まり、「電力国家管理」と呼ばれる電気事業者の再編が行われた。

1939 年から電気の製造と卸売を日本発送電という半官半民の会社に統合することとし、残った小売事業も 1942 年に全国を 9 ブロックに分けて設立された配電会社に統合された。この過程で、富山県電気局や日本電力は日本発送電に現物出資を行い、発電所群は日本発送電のものとなった。

戦後、電気事業者はさらに再編された。日本発送電は解体のうえ、製造と卸売は 9 の配電会社をベースに設立された 9 の電力会社が受け持つこととなった。こうして 1951 年、製造から小売までを一貫して地域ごとに独占的に行う「9 電力体制」が成立した。常願寺川筋の発電所は北陸電力が継承したが、黒部川筋の発電所はもともと関西地方への供給を行っていた事情などから関西電力に継承された。

鉄道事業も戦時中に再編された。1938 年に陸上交通事業調整法が成立し、多くの事業者が分立していた鉄道事業やバス事業を政府の関与によって統廃合することが可能となり、富山県も同法による整理の対象地域となったのである。この中心となったのが富山電気鉄道で、社長の佐伯宗義（1894-1981）の主導で県内のほぼすべての交通事業者を同社に統合することとなり、1943 年にこれを実行した。富山県営鉄道と黒部鉄道もこの統合に加わり、富山電気鉄道は富山地方鉄道と改称した。

このように戦中・戦後の再編を経て誕生した事業者が、立山・黒部アルペンルートの形成に深くかかわっていくことになる。

2. 戦後の「国土開発」と観光

戦後復興と立山開発

戦後の混乱が一段落した 1950 年、国土総合開発法が公布された。目的は「国土の自然的条件を考慮して、経済、社会、文化等に関する施策の総合的見地から、国土を総合的に利用し、開発し、及び保全し、並びに産業立地の適正化を図り、あわせて社会福祉の向上に資すること」とされ、これを受け各都道府県はそれぞれ開発計画を具体化した。富山県では 1952 年、電源開発と観光開発を一体に進める「立山山岳地帯総合開発」を策定した。戦前の構想を復活

地図6-2　アルペンルート平面図（1970年代半ば）

出典：国土地理院5万分の1地形図「五百石」（1966年9月）、「立山」（1979年4月）

させたような内容で、粟巣野まで達していた鉄道を延伸し、さらに山上までの鋼索鉄道と自動車道を建設するとともに温泉ホテルを建設するというものであった。

　同年、この事業の推進主体とするために富山地方鉄道が900万円、北陸電力と関西電力がそれぞれ800万円ずつを出資し、立山開発鉄道が設立された。同社が国に提出した出願書類において、この事業の意義は次のように説明されていた。

　講和条約の発効主権回復後の経済自立の方途として国土綜合開発が試みら〔ママ〕るゝに当り本県に於ても斯る天下の観光資源を開発して広く海内海外に宣伝紹介するは当地方の責務であるとの輿論が漸く高まり富山県、富山地方鉄道株式会社並に立山に関聯ある北陸関西電力会社が相協力し県民の総力を挙げて立山観光ルート開発計画を進めるに至つたのである〔中略〕一度本ルートが開設されゝば広大な霊域は大衆のリクリエーションの場と化し……観客遠近より集ることは明（あきらか）であり外客誘致の諸施設も次第に完備され国際的観光地として脚光を浴びる日も遠くない更に常願寺並黒部川奥地未開発水力電気の開発及び埋蔵されたる鉱物、林産資源等の開発計画も本ルートを基礎として陸続と発展せらるべく国土開発上重要な意義を有する（「立山開発鉄道千丈〔ママ〕

原美女平間鋼索鉄道敷設免許」、運輸省文書『立山開発鉄道・昭和 27 ～ 31 年』)

国の政策に呼応して観光開発を行うこと、出資した 3 社とともに富山県も深く計画に関与していることがまず述べられている。「外客」の誘致による外貨獲得が期待されていたことも窺える。観光開発のみならず、電源開発、さらに鉱物や林産物などの資源開発にも言及があるのは、国土総合開発法を踏まえたものであろう。観光が主で電源や資源の開発が従となっている書きぶりは、このケーブルカーが主に観光客の利用を想定していたからであろうが、国土開発政策においても観光が重要なものとみなされていたことは間違いない。「文化」とか「社会福祉の向上」といった文言は国土総合開発法のなかにもあったが、観光開発を意識して取り入れられたのであろう。

　こうして 1954 年に粟巣野－立山間の鉄道とケーブルカーとが開業した（地図 6-2）。1955 年には接続する県営の有料道路が開業し、その区間を走行する路線バスも開業した。県営道路は、1956 年に弥陀ヶ原まで達した。これにあわせて弥陀ヶ原ホテルも開業している。

黒部ダム建設をめぐって

　戦前に富山県が構想していた開発計画は、こうして戦争をはさんで 20 年遅れで実現したのであるが、1950 年代半ばになると戦前の計画を上回る開発が始まった。関西電力が、黒部川第四発電所（黒四）とそのための黒部ダムの建設に着手したのである。1956 年、同社は長野県の大町側から赤沢岳を貫くトンネルの掘削工事を開始し、同時に富山県側の立山では弥陀ヶ原－室堂間で道路建設を始めた。1958 年には全長 5.4km の大町トンネルが貫通した。当初はダム工事のためにのみ用いられ、観光客は利用できなかったが、ダム完成後は一般の利用に供されることも想定されていた。富山県側の弥陀ヶ原－室堂の道路では、一般客も利用できるハイヤーが営業を開始した。そして、既存の道路区間にもバス路線や宿泊施設が充実していった。

　こうした関西電力の動きは、富山県側からみると一種の抜け駆けと映ったらしい。吉田実知事は 1960 年、「富山県民から申しますと表の立山の裏に孔があけられたのであります」と発言し、感情的な反発を隠さなかった（立山黒部貫

光30年史編集委員会編、1995、86頁）。富山地方鉄道の実質的なトップであった佐伯宗義は、この吉田発言の少し前から、こうした富山側の立場を代弁するように具体的な対応策を打ち出していた。当時の佐伯は単なる経営者ではなく、政治家でもあった。1947年の選挙で民主党から立候補して富山第一区選出の衆議院議員に当選して以来、国政に影響力を行使し得るようになっていたのである。1955年の自由民主党発足後は、同党に所属した。関西電力が立山へ進出しつつあった1958年から60年までは議員でなかったが、いずれにせよ富山県側のキーパーソンであった（図6-2）。

図6-2 佐伯宗義
出典：立山黒部貫光30年史編集委員会編『立山黒部貫光30年史』立山黒部貫光株式会社、1959年

　佐伯が打ち出したのは、室堂から立山連峰の直下を貫通するトンネルを掘削し、長野県側の大町に抜けるルートの構想であった。1959年、佐伯は弥陀ヶ原−室堂−扇沢−大町間のバス路線免許を申請した。この時点では、室堂から扇沢までの間をバスで結ぶつもりだったことが窺える。これが実現すれば、立山黒部アルペンルートはバス一本で乗り換えなしに通り抜けられるものとなっていたであろう。しかし、実際には弥陀ヶ原から大町までは、立山トンネル内のバス（1996年から2024年までトロリーバス）、ロープウェイ、ケーブルカー、徒歩、トロリーバス（2019年から電気バス）、バスと、何度も乗り換えを要するルートになった。輸送力や利便性という点では難もあるとはいえ、この乗り換えこそがアルペンルートに独特の面白さを与える結果となったともいえる。

　佐伯は大町市内に道路用地などを確保するとともに、長野県側の自治体や営林局の各部署、交通事業者に呼び掛けて協力を求めた。経営者として、また政治家として素早くまた周到な動きであったといえよう。富山県当局でも、こうした動きをふまえ知事と県議会が呼応して開発構想を策定し、1960年、立山トンネルの掘削などを含む「立山黒部有峰地帯観光開発計画第1部（基本計画）案」を発表した。ここで佐伯の政治力が発揮されたと思われるのが、黒部ダムの天端を一般利用者の通行に供することを関西電力に認めさせた一件であった。黒部ダムとその付随施設は関西電力の私有物であり、ダムの堤体を一般に開放

するかどうかはその所有者次第であるようにも思われる。しかし佐伯は、「堰堤は河床の変形」であり、河川は公用されるべきものであるとして、これを認めるよう要求したのであった。

3. 立山黒部アルペンルートの形成

富山県勢と関西電力との駆け引き

　1960年、立山黒部有峰開発という会社が設立された。資本金5000万円のうち富山県が1000万円、北陸電力と立山開発鉄道がそれぞれ750万円、そして関西電力が2500万円を出資した。関西電力の出資比率は50%であって、ぎりぎりで過半数に達していないことに注意したい。富山県と県下の企業（富山側）が一枚岩であるかぎり、関西電力は自らの意思だけではこの企業体を動かすことができない。それは富山側も同じであるが、この企業が目指した立山連峰から大町を目指す観光ルートの形成が、富山側に端を発していたことを踏まえれば、これは富山側主導による各主体の利害調整の場であったと位置づけるのが妥当であろう。関西電力にしてみれば、資金の半分は出したが口はなかば封じられたということになり、大幅に譲歩したということになる。役員は富山県、立山開発鉄道、北陸電力、関西電力の関係者で占め、社員も各社からの出向によった。社長となった山田昌作（元北陸電力社長、富山県経済顧問）は、「会社はできましたが、1人の社員をも持っていないのでありまして、ただ観念的な会社であります」（立山黒部貫光30年史編集委員会編、1995、87頁）と述べた。

　このことは、立山越えをめぐる富山政財界と関西電力との利害調整あるいは角逐が継続することをも意味した。関西電力は長野県側の大町ルートに注力することを希望しており、立山ルートの整備には消極的であった。そこで焦点となったのが、室堂から立山連峰を貫く立山トンネルの建設主体は誰になるのかという問題であった。立山黒部有峰開発が設立された時点では、トンネルの建設を同社が行うのか、立山開発鉄道が行うのか、あるいは新会社を設立して行うのか、まだ方針が確定していなかった。結局、新会社を設立して全国の企業から出資を募る方針に決したが、事業は進展しなかった。

1963 年、黒部川第四発電所が竣功した。関西電力はこのとき、立山側からの観光ルート形成に消極的な姿勢を改めて示した。将来的な黒部ダム天端の自動車通行を拒絶したのである。それだけではなく、この発電所から黒部川方面へと抜ける「黒部ルート」の開放も拒んだ。第四発電所は、戦前に建設された黒部川第三発電所のさらに上流に作られたが、このため

図 6-3　開業直前の関西電力トロリーバス
出典：『日本のトロリーバス』電気車研究会、1994 年（提供：関西電力株式会社）

に戦前・戦中に建設された専用鉄道が活用された。このうち宇奈月から欅平までは前述のとおり地方鉄道免許を取得して 1953 年に一般の利用者に開放されたが、その先の「上部軌道」の区間および第四発電所のために延伸された黒部トンネルは、一般客の利用できないままとされた（2024 年より「黒部宇奈月キャニオンルート」として開放予定であったが災害で延期された）。

富山県側では 1964 年 6 月、弥陀ヶ原から室堂までの道路を完成させ、路線バスが開業した。一方、同年 7 月には関西電力が大町トンネルでのトロリーバス路線を開業した（図 6-3）。トロリーバスというのは複線式の架空線から集電し、モーターで駆動するバスである。運転者は集電装置が架空線から外れないようにステアリング操作をしなければならないが、電気を安価に調達できるうえトンネル内での排気ガスの問題もない。しかし、このような関西電力の単独行動に対し、バスによる室堂－大町間の一貫輸送を支持していた富山県議会と富山県知事は反発した。

富山側と関西電力との緊張がこうして高まるなか、立山黒部有峰開発の会長であった佐伯宗義はあらためて関西電力へ協力を要請し、両陣営の和解が図られた。解決のために最も重要であったのが、立山連峰越えの経費を圧縮することであった。関西電力は、電気事業とは直接関係のない観光用のトンネルに莫大な費用の拠出をさせられることを嫌っていた。そこで、全区間をトンネルとするのではなく、ロープウェイを組み合わせる案が浮上したのである。その後、

トンネル長を 2km から 6km まで幅を持たせて複数の案が作成され比較が行われた結果、トンネルを最短かつ一車線とし、ロープウェイとケーブルカーを組み合わせる案に決した。こうして 1964 年 11 月、立山黒部有峰開発の取締役会で新会社を設立することが決議された。

回遊ルートの形成

こうして、1964 年 12 月、新会社「立山黒部貫光」の創立総会が開催された。授権資本金 16 億円、払込済資本金は 4 億円で、社長には佐伯宗義が就いた。「観光」ではなく「貫光」の文字が充てられたのには、佐伯たちの立山トンネルにかける思いが込められていた。同社は立山黒部有峰開発から事業と調査成果を継承することとなり、1965 年 11 月に起工した。路線の開業は黒部ダム側から実施され、1969 年 7 月には黒部ケーブルカーが、1970 年 7 月には立山ロープウェイがそれぞれ開業した。そして、1971 年 4 月、立山トンネルのバス路線が開業し、立山黒部アルペンルートが全通したのである。

このように書くといかにも順調そうな感を与えるかもしれないが、国立公文書館に保存されている立山黒部貫光のケーブルカーに関する許認可書類を読むと、必ずしもそうとは言い切れなかったことが窺える。ケーブルカーすなわち鋼索鉄道の敷設免許は運輸省の管轄であり、戦後は運輸審議会の答申を経て免許の可否が判断されることとなっていた。同線に関する運輸審議会から運輸大臣への答申には、次のような記述がある。

この種鋼索鉄道は、観光客等の輸送を目的とする山岳地帯の交通機関として適切なもので、申請の規模、輸送計画等からみて、建設費および収支見積りは妥当であり、資力信用、関係各方面の協力態勢等をも勘案すれば、成業の見込みあるものと思われる。よって、本申請は免許することが適当と認められる。（運輸審議会発運輸省宛答申書「立山黒部貫光株式会社の工作式地方鉄道敷設免許申請について」1965 年 4 月 30 日、「立山黒部貫光（株）申請の地方鉄道業（鋼索）免許について（新丸山、黒部ダム左岸間）」運輸省文書『免許・立山黒部貫光・昭和 40 年』）

ここで判断の材料とされているのは、予測される需要に見合った設備投資規模かどうかということと、それで採算がとれるかどうかということである。そして、答申を得た運輸省はその点では問題ないと判断した。

　しかしこのケーブルカーは、運輸省がゴーサインを出すだけでは不足であった。国立公園内の開発事業であるため厚生省の認可も必要であったし、さらに、黒部峡谷一帯は文部省が文化財保護法にもとづき特別名勝および特別天然記念物に指定していたから、その現状変更をおこなうには文部大臣の許可も必要であった。

　もちろん、すでに黒部ダムのような「超」がつく大規模開発が行われているところでケーブルカーを通すくらいのことは、現状変更の規模という点では大したことではなかったかもしれない。しかし、運輸省、厚生省、文部省のうちひとつでもこの計画に同意しなければ、この計画は実現しなかったのも事実である。仮にこの計画を快く思わない者が政治力を駆使してこれらのいずれかに働きかければ、計画はストップしてしまったかもしれないのである。そのような事態を避けたければ、さらに色々な政治的駆け引きが必要となるであろう。実際にそのような駆け引きがあったかどうかまではわからないが、立山黒部アルペンルートをとりまく政治構造がそのようなものであったということは言えるであろう。

　結果的にアルペンルートは開通したが、富山政財界と関西電力との緊張関係はその後も続いた。1974 年、関西電力が黒部ダム－扇沢間のトロリーバス事業を新設子会社「くろよん交通」へ譲渡する方針を表明したところ、立山黒部貫光と立山黒部有峰開発はこれに反発したのである（立山黒部貫光 30 年史編集委員会編、1995）。両社は、過去の経緯に鑑みて関西電力が手を引くのであれば自分たちへ事業譲渡すべきであると主張し、争いは訴訟にまで発展した。1979 年になって、長野県と富山県の知事による斡旋が行われ、関西電力はトロリーバス事業の譲渡方針を撤回して自社での運行を継続することを表明した。これをうけて提訴は取り下げられ、ひとまずの落着となったのである。立山黒部貫光は 1979 年に立山黒部有峰開発と合併した。

参考文献・史料

青木栄一・亀田郁子「黒部鉄道の建設とその性格」(『新地理』17 巻 4 号、1970 年)

立山黒部貫光 30 年史編集委員会編『立山黒部貫光 30 年史』(立山黒部貫光株式会社、1995 年)

十代田朗・野崎哲矢「観光地としての立山黒部アルペンルートの形成と富山県側での論議」(『ランドスケープ研究——日本造園学会誌』63 巻 5 号、2000 年)

国立公文書館所蔵運輸省文書『免許・立山黒部貫光・昭和 40 年』所収、平 12 運輸 02604100

国立公文書館所蔵運輸省文書『立山開発鉄道・昭和 27 ～ 31 年』所収、平 12 運輸 01382100

第 7 章

栗駒山観光と地方鉄道

1. 栗駒山開発の開始

国土開発と栗駒山

　宮城県の北部にある栗駒山（1626m）は、岩手県と秋田県にまたがる火山で、初夏に現われる残雪の形が遠くから見ると馬の姿にみえることが、その名の由来とされている。周辺一帯は栗駒国定公園に指定されており、夏季から秋季にかけてハイキング客で賑わう。全国的に知名度が高いわけではないが、仙台都市圏の人々にとっては馴染み深い山といえる。1950 年代から 1970 年代にかけて観光地化が進み、栗原電鉄（時期によって社名は異なるが、ここでは栗原電鉄で統一）という私鉄が大きく関係していた。同鉄道は 2007 年に廃止され、会社も清算のうえ解散したが、残された史料は最末期の社名からとった「くりはら田園鉄道関係資料」として栗原市に引き継がれ、同市が設置する「くりでんミュージアム」で整理・保管されている。本章は主としてこの史料に基づき、栗駒山観光の歴史を見ていくこととする。なお、関連する交通路等の概念図を図 7-1 に掲げる。

　栗駒山の開発が本格化したのは、1950 年頃であった。この前年に栗原郡と玉造郡の 11 ヵ町村が「総合開発期成同盟会」を結成し、「栗駒山麓総合地域開発計画」を作成したのである。そこでは仙台と秋田を結ぶ道路を整備することや栗原電鉄を秋田県まで延伸して奥羽本線湯沢駅に接続すること、そして栗駒

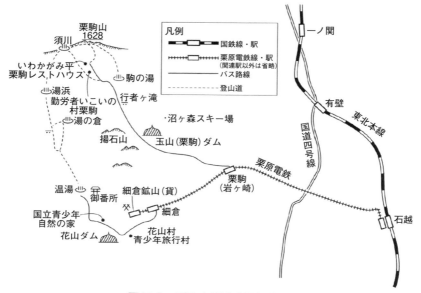

図 7-1　栗駒山関連交通概念図

出典：栗原電鉄作成図を基に筆者作成

山の「交通不便を解決」し、森林資源や地下資源を開発したり、「散在する温泉地を結合して大公園地帯にする」といったことが謳われていた（「宝庫・栗駒山ろくを拓く」『河北新報』1949年9月18日、本章における新聞資料は、くりはら田園鉄道関係資料中のスクラップブックによる）。同じ頃、国も国土総合開発法に基づき「北上特定地域総合開発計画」を策定し、栗駒山では県営の花山ダムや玉山ダム（栗駒ダム）などを整備することが決まった。このように、国と地方が歩調を合わせるような形で、産業開発と観光開発を組み合わせる機運が高まったのである。

　県は、一帯を県立公園に指定することとした。宮城県には終戦前から松島（1902年指定、以下同様）と旭山（1940年）というふたつの県立公園があり、戦後は蔵王連峰（1947年）や牡鹿半島（1947年）、二口峡谷（1947年）、玉造温泉郷（1947年）、気仙沼湾（1947年）が加わった。栗駒山の指定は1950年であった。もっとも、それでただちに開発が進行したわけではない。1950年に宮城

県観光審議会が策定した「宮城県観光事業実施四ヶ年計画案」には、道路の除雪車整備と花山ダムにおける「観光開発」が抽象的に盛り込まれたに過ぎなかった（宮城県、1955）。1952年の同審議会計画でようやく道路整備計画として仙台－栗駒山間の「栗駒山ルート」（120.7km）と池月－栗駒山間の「池月栗駒山ルート」（33.4km）が盛り込まれ、既存の道路を改修したり歩道を補修したりする計画が具体化した（宮城県観光審議会、1952）。

　この時期、栗原電鉄では1950年に全線を電化してスピードアップをはかり、石越－岩ヶ崎間を30分で結ぶようになった。当時の新聞紙上では、この電化が上記の国土開発との関連で意義づけられた。鉄道の充実は「未開の宝庫、栗駒山麓開発」に資するものと考えられ、やがて西は秋田県の湯沢、東は石巻方面に延伸する構想すら存在したのである（「石湯線の実現へ本腰」『読売新聞』〔宮城版〕1950年10月11日）。1955年には軌間をそれまでの762mmから国鉄在来線と同じ1067mmに改め、国鉄との間で貨車を直通できるようにしたが、こうした設備改良も「北上総合開発の一環として」取り組まれた（「栗鉄広軌化への慌しい動き」『東北民友新聞』1953年5月24日）。資金は銀行団と同鉄道の親会社であった三菱金属鉱業による融資で賄われたが、その内訳は三菱金属鉱業8000万円、長期信用銀行6500万円、日本興業銀行6500万円、三菱銀行3500万円、七十七銀行2500万円というものであった（「二億七千万円の融資確定　栗鉄改軌事業本月着工」『県北タイムズ』1954年10月1日）。地方の小さな私鉄の設備投資に長銀や興銀が融資をしたのは、この事業が国策の一環と位置づけられたゆえでもあった。

観光開発と栗原電鉄

　1950年代初頭まで、栗駒山への交通の便は必ずしも良好ではなかった。「蔵王は仙台より一泊二日で征服出来るのに反し〔栗駒山は〕三泊を要する」とされ（「栗駒県立祝賀」『県北新聞』1950年10月27日）、交通機関や宿泊施設の充実が望まれていた。1951年7月の新聞記事では栗原鉄道（のちの栗原電鉄）が細倉－水無（温湯温泉の手前）間および岩ヶ崎－玉山間にバスの運行を開始し、「従来不可能とされていた日帰り登山を可能に」したと報じられている（「日帰り栗駒登山」『毎日新聞』1951年7月31日）。

1955 年に刊行された『宮城県史 16　観光』は、歴史というより当時の観光地の現状を記した書物であるが、これによると、温湯温泉までは細倉のみならず築館や仙台など各所からバスの便があったことがわかる。登山者は温湯から湯の倉、湯浜を経て栗駒山山頂に達し、そこから駒の湯経由で岩ヶ崎に至り栗原鉄道に乗るか、またはその逆回りをたどるのが一般的なコースであった。それぞれの温泉には 80 人から 300 人まで収容可能な山小屋があったという。

　同じ 1955 年の「山開き」を報じた新聞記事には、細倉－温湯間のバスの所要時間は 1 時間半、岩ヶ崎－玉山間は 50 分であったことが記されている。さらに「道路さへよければ」玉山からトラックに便乗して駒の湯まで到達することができるとあり、「従来の二泊三日を要した登山が一泊二日で登山できる様になつた」と書かれていた（「栗駒山開き」『東北民友』1955 年 6 月 27 日）。1951 年にはすでに日帰り登山が可能であったはずだが、そのこととの関連は不明である。この記事によれば「山開き」の神事は栗駒山観光協会や栗原電鉄などによる主催で、同社は栗駒山の夏山観光に積極的な姿勢を示していた。

　1956 年 1 月には沼ヶ森にスキー場も開設された。「五十名程のスキーヤーがどつと登山し栗駒山空前の大量スキー客を迎えた」という新聞報道の書きぶりからは当時の観光業の規模が窺い知れるが、従来の夏山登山に加えて冬の観光客誘致にも期待が膨らんでいたことがわかる。このスキー場は栗駒町と栗原電鉄の関係者が現場踏査のうえただちに開業したもので、岩ヶ崎からバスにより 40 分で到達できた。栗原電鉄は温泉ホテルの計画も持っていた（「俄かに有名な沼ヶ森スキー場」『東北民友』1956 年 1 月 30 日）。

　このように、栗原電鉄は観光地への交通手段にとどまらず、観光開発の主体として積極的な姿勢をとっていた。別の記事によれば、栗原電鉄運輸課長の談として、岩ヶ崎－駒の湯間や岩ヶ崎－湯浜－秋田県方面のバス道路整備、駒の湯、温湯、湯浜、湯の倉の各温泉における旅館の整備拡張の必要性が訴えられており、同社が栗駒山一帯の観光開発にさらなる意欲を見せるとともに、県に対し一層の道路整備を進めることを要望している（「栗駒山の地図仙台で一番売れる」『東北民友』1956 年 8 月 5 日）。同社は 1959 年には定款を改正して旅館業を事業に追加し、同年 7 月には小規模ながら駒の湯温泉の周辺「栗鉄バンガロー」を開設した。これは少しずつ規模を拡張し、1963 年には木造 2 階建の

「栗鉄山の家」を増設している（『旅館営業申請　周遊関係』くりはら田園鉄道関係資料）。当時の栗原電鉄は貨物輸送が収入の柱で、旅客はその3分の1程度であったが、観光開発によって旅客輸送の振興も図ろうとしたのであろう。

　栗原電鉄はさらに、地元観光業界に対する金銭的支援も行った。例えば1956年度には沼ヶ森スキー場に山小屋を設置したりゲレンデを拡張したりするための費用9万1000円のうち2万5000円を、栗駒山観光協会への寄付という形で負担した。観光協会の運営そのものも、栗原電鉄に負うところが大きかった。1955年度の同協会会費収入11万9000円のうち、同社は5万円を負担していたのである（各年度『観光関係綴』くりはら田園鉄道関係資料）。1952年から1972年まで社長を務めた鈴木惣一という人物は、少なくとも1963年には栗駒山観光協会の会長を兼ねていたことが確認できる（「電車やバス割り引き」『河北新報』1963年2月22日）。こうした属人的な関係も、栗原電鉄による観光業への積極的な関与を象徴していた。こうしたことが可能だったのは、終点の細倉鉱山に関連した貨物輸送が隆盛だったためである。1957年度以降、栗原電鉄の貨物輸送収入は1億円を超えるようになっていた。

2. 栗駒山観光の拡大と鉄道輸送

観光の拡大と国定公園指定

　1960年代に入ると栗駒山の観光はますます拡大した。1962年には県営花山ダムが完成して人造湖「花山湖」があらたに観光地となったほか、1963年には仙台藩花山村温湯番所跡が文部省の所管する「史跡」に指定された。こうした新たな観光資源は、客層の拡大と観光の多様化をもたらした。次の新聞記事は、そうした事情を窺わせる。

　〔栗駒山は〕さる二十五年県立公園の指定を受けたが、道路や宿泊施設などほとんど整備されておらず、“観光栗駒”も名ばかりの現状だ。一番の問題点は交通の便が悪いこと。現在のところ、玉山登山口では栗駒ダムまでしかバスが通らない。これを駒の湯まで延長することがなによりの急務とされて

いる。このため同〔栗駒山観光〕協会では①栗駒ダム－駒の湯－頂上を結ぶ
線②花山村温湯－湯浜－小安温泉（秋田県）を結ぶ線――のふたつを将来の
課題として促進することになった。（「電車やバス割り引き　栗駒山越えの登山
客に」『河北新報』1963 年 2 月 22 日）

　この記事の力点は最後にあるとおり地元による道路整備促進要求にあったが、
山頂に至る道路整備すら構想されていたことは、登山やハイキングとは異なる
スタイルの観光がすでに希求されていたことを示していた。

　こうしたなか、栗駒山を国定公園に昇格させる動きがおこり、1963 年に栗
駒国定公園期成同盟会が結成された。これは宮城県の栗駒開発推進協会、岩手
県の須川岳観光協会、秋田県の西栗駒観光協会の三団体と関係市町村が加盟し、
それまでの三県連合開発懇談会を発展的に解消して成立させたもので、厚生省
に対し一帯の国定公園化を働きかけるものであった。宮城県側の人々には、開
発の主導権を握ろうという目論見もあったらしい。それは 1963 年に蔵王が国
定公園に指定された際に「とかく山形側に押されがちで“山形の蔵王”という
印象を一般観光客にあたえてしまった」（「栗駒を国定公園に」『河北新報』1964
年 1 月 31 日）という反省からであった。実際、三県では山の名称さえ統一され
ていなかった（岩手では須川岳、秋田では大日岳）。国鉄は「直通列車が宮城側
だけを通るため、とりあえず『栗駒山』で宣伝する」こととしながら、「三県
統一した名称にしてほしい」と述べたとされる（「栗駒山の観光開発に本腰」『日
本経済新聞』1963 年 6 月 29 日）。こうした国鉄の動きは、宮城県側の関係者を
勢いづけたことであろう。

　また、県が国にこうした働きかけを行っていたことは、地元町村にとってみ
れば県に対し地元での道路整備を要求しやすくなることにつながった。駒の湯
経由で秋田県に抜ける道路が県道計画に編入され、1964 年には駒の湯までバ
スが通れるように道路が改良された。これは県、栗駒町、古川営林署が共同で
総工費 3780 万円を投じて実施したもので、行者滝から駒の湯までの約 4 km
の線形を改良するとともに 2 車線 4 m に拡幅するという内容であった（「栗駒
山観光開発、急ピッチ」『日本経済新聞』1965 年 4 月 11 日）。また、駒の湯には待
合室や便所、給水施設などを備えた 2100m² の駐車場も整備され、さらに登山

道の整備や花山番所の復元工事な
ども行われた（栗駒山観光協会「昭
和40年度事業計画（案）」、くりは
ら田園鉄道関係資料）。

栗駒山観光協会では、新聞広告
出稿、栞・パンフレット類の作成、
県観光連盟を通じた東京の百貨店
での観光展への出展、山岳映画の
製作といった宣伝に努めたほか、
登山道への指導標設置や厚生省自

表7-1　栗駒山観光協会会費負担状況

(単位：千円)

年度	1955	1964	1965
地方公共団体	40	160	160
商工会	——	7	7
民間事業者	9	50	52
三菱細倉鉱業所	20	——	——
栗原電鉄	50	60	60
計	119	279	277

注：1955年度の栗原電鉄および細倉鉱業所は寄付。
出典：『昭和三十二年度〜四十五年度観光関係綴』『県各
　　　町村観光関係』、くりはら田園鉄道関係資料

然公園審議委員の調査に協力するなど、多様な活動を展開した（栗駒山観光協
会「昭和39年度事業報告書」）。また、栗駒町商工会では特産品のホオの木に栗駒
山を詠んだ柿本人麻呂の歌（みちのくの　くりこまやまの　ほゝの木の　まくら
はあれと　君かた枕）を書き込んで壁掛けを作製し、土産物として売り出した
（「栗駒山の思い出にホウの木の壁掛け」『河北新報』1963年6月9日）。こうした動
きにも、栗原電鉄は貢献していた。1964・65年度における栗駒山観光協会へ
の会費納入額は、単独の組織としてはやはり同社がトップであった（表7-1）。

こうした取り組みが実を結び、1968年7月に栗駒山一帯が栗駒国定公園と
して指定を受けた。岩手・宮城・秋田・山形の4県にまたがる約7.7万haと
いう非常に広い範囲で、南北約65km、東西約47kmにもわたった。同年9月
には駒の湯からさらに山奥、標高1200mの展望台「いわかがみ平」までの道
路が完成し、「樹海ライン」の愛称がつけられた。「いわかがみ平」には「大型
バス」56台を収容可能な3200㎡の駐車場が整備され、頂上まで徒歩で1時間
程度の「気軽な栗駒登山」が可能となった（「栗駒登山　ぐっと楽に　千二百メー
トルまで車で」『河北新報』1968年8月26日）。栗駒山はもはや登山着も登山靴
も不要な、普通の運動靴で間に合ってしまう気楽な観光地となった。また、こ
のことは宮城県側からの登山路が栗駒山観光のメインルートとなる、決定的な
契機となった。

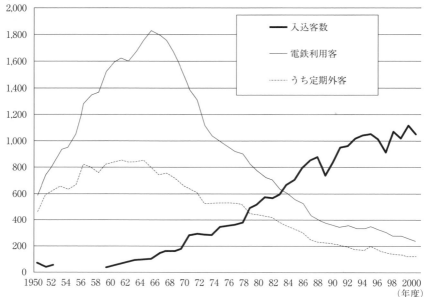

図 7-2　栗駒山観光客数と栗原電鉄利用客数

出典：宮城県統計および鉄道統計

図 7-3　国鉄・栗原電鉄直通列車の運転時刻および観光モデルコース

出典：〔チラシ〕『栗駒登山列車「残雪号」運転!!』（国鉄仙台鉄道管理局・栗原電鉄、1963 年、くりはら田園鉄道関係資料）

栗原電鉄と国鉄の直通

　1960 年代のはじめ、東北地方の中小私鉄はすでに自動車に押されて「斜陽化」していると言われていたが、栗原電鉄の場合はそうではなく、旺盛な貨物需要に加えて旅客も増えつづけていた（図 7-2）。

　1963 年には、仙台から乗り換えなしで栗駒に到達できる国鉄直通列車の運

表7-3　国鉄・栗原電鉄直通列車の利用状況

年次	下り（仙台→細倉）				上り（細倉→仙台）			
	期間及び運転回数	総定員（人）	客数（人）	乗車率	期間及び運転回数	総定員（人）	客数（人）	乗車率
1963			887				889	
1964	7-8月 6回		595		7-8月 6回		435	
1965	7-8月 7回		786		7-8月 7回		638	
1966	7-10月 14回	2,436	1,162	47.7%	7-10月 13回	2,267	997	44.0%
1967	7-8月 8回	1,523	1,141	74.9%	7-8月 8回	1,538	1,080	70.5%
	9-10月 4回	750	161	21.5%	9-10月 4回	789	183	23.2%
1968	7-8月 8回	1,584	1,013	64.0%	7-8月 8回	1,540	1,163	75.5%
	9-10月 4回	770	254	33.0%	9-10月 4回	748	289	38.6%
1970	7-8月 7回	1,396	617	44.2%	7-8月 7回	1,326	691	52.1%
1977	7月 3回	532	249	46.8%	7月 3回	572	221	38.6%
1978	7月 3回	624	145	23.2%	7月 3回	600	158	26.3%
1979	7月 3回	568	113	19.9%	7月 3回	496	95	19.2%

注：空欄は不明を示す。
出典：くりはら田園鉄道関係資料のうち国鉄乗入関係資料

行がはじまった。これは夏山シーズン（7月20日から8月25日）の週末に運転され、最初は「残雪号」、のちには「フラワー号」と称した。仙台を土曜日の午後に出発して駒の湯または温湯に宿泊し、日曜日の夕方帰着するというのがモデルコースであった（図7-3）。栗原電鉄はすでに電化していたが、当時の国鉄東北本線は非電化であったことから、この列車には国鉄の気動車が用いられた。栗原電鉄ではこのために乗務員の訓練も行っている。1965年の直通列車の、

表 7-4　国鉄直通列車に関する栗原電鉄の収支

(単位：円)

年次		1965	1966	1967	1968	1970
収入	連絡客収入	113,180	214,920	252,588	244,531	144,000
支出	気動車使用料	73,780	191,646	170,352	130,560	86,044
	宣伝費	18,000	13,000	19,250	——	——
	乗務員研修費	12,100	6,100	6,100	12,724	12,000
	超過勤務手当等	28,435	44,450	32,660	53,000	——
	雑費	7,550	4,550	9,600	——	——
損益		▲26,685	▲44,826	14,626	48,247	45,956

注：1965/66 年度はほかに自動車部の宣伝費支出 1 万 3000 円あり、1968 年度以降は宣伝費を国鉄仙台鉄道管理
　　局が負担。
出典：くりはら田園鉄道関係資料のうち国鉄直通列車運輸成績資料

シーズンを通した登山客の平均乗車率は、「下り 70.2%」、「上り 57%」であっ
た（「"残雪号"の利用状況調べ」、くりはら田園鉄道関係資料）。この臨時直通列車
は翌年以降も設定され、1966 年からは秋の紅葉シーズンにも運行されるよう
になった（表 7-3）。

　しかし、この直通列車は栗原電鉄にとってみれば必ずしも採算性のよいもの
ではなかった。直通列車の収支を示した表 7-4 をみると 1965 年度と 1966 年度
は赤字を出しているが、これは国鉄へ支払う気動車の使用料と、乗務員の研修
費や手当が嵩んだためであった。もっとも、直通列車単体では利益をえられな
くとも、バスや宿泊施設の利用増といった効果はあったろう。1967 年からは
運賃値上げや気動車使用料の削減、さらにチラシ作製の国鉄への一任などに
よって経費を節減し、直通列車単体でも利益を上げ得るようになった。

　1968 年 7 月の『河北新報』には、夏山シーズンの活況が次のように記され
ている（図 7-4）。

　きょう二十二日の官報告示で正式に「国定公園」に昇格する栗駒山は、夏休
み入りと同時に"表栗駒"ルートが連日大にぎわい。土、日曜の直通電車や
旅館は「満員御礼」の状態だ。仙台－栗駒（宮城中央交通）直通の快速電車
「栗駒フラワー号」は二十日で運転三回目を迎えたが、栗駒駅から登山ベー
ス駒ノ湯へ向かった乗客はこの日だけで二百十人、一方駒ノ湯二軒の温泉旅

図7-4　夏の栗駒駅の混雑を伝える新聞記事

出典:『河北新報』1968 年 7 月 22 日

館（定員二百五十人）は土、日曜はここ当分団体予約でいっぱい。二十日 "開村" した駒ノ湯キャンプ村（野営場、六十張三百六十人収容）もすでに千人が申し込んでおり、二十一日は約五千人の登山客でにぎわった。（「この暑さのがれて」『河北新報』1968 年 7 月 22 日）

3.　栗駒山観光の隆盛と鉄道利用の低迷

手軽な栗駒山と鉄道利用の低迷

　栗駒山の国定公園化は観光の活発化に弾みをつけ、入込客数はますます増加した。石油ショックのあった 1970 年代初頭には一時的に停滞したが、その後増加に戻り、1970 年代末には年間 50 万人が訪れる観光地となった（図 7-2）。

表 7-5　栗駒山、駒の湯観光客入込数内訳（栗駒町観光課調べ）

（単位：人）

年次		1971	1972	1973	1974	1975	1976
属性	日帰り	160,401	161,064	166,974	181,538	236,391	274,999
	宿泊	13,510	14,226	16,522	15,890	20,556	23,913
	団体宿泊	3,582	5,629	7,100	10,081	12,950	15,066
目的	慰安旅行	17,064	18,005	18,628	18,848	25,695	29,891
	登山・ハイキング	104,880	103,793	79,348	84,868	110,487	128,532
	キャンプ	3,048	3,251	3,992	4,519	5,139	5,978
	見物・行楽	39,724	40,628	61,217	66,280	87,362	101,630
	休養	6,848	7,045	7,254	8,428	10,278	11,957
	その他	2,347	2,568	13,057	14,485	17,986	20,924
居住地区	宮城県内	155,022	154,105	156,470	164,585	213,266	248,097
	東北	18,427	20,628	26,047	31,674	44,112	47,826
	関東	368	474	879	1,002	2,313	2,690
	中京	10	0	0	0	0	0
	その他	74	83	83	167	256	299
総数		173,911	175,290	183,496	197,428	256,947	298,912

出典：「国定公園栗駒山、駒の湯観光客入込数調べ」、くりはら田園鉄道関係資料

表 7-6　栗駒山観光客数（季節別）

（単位：千人）

年度	3-5 月	6-8 月	9-11 月	12-2 月
1963	16.9	65.0	11.5	3.6
1964	15.4	67.2	12.9	3.8
1965	15.0	68.3	16.6	5.3
1966	24.5	60.5	57.6	3.4
1967	9.0	96.6	54.1	2.8
1968	12.2	98.7	48.8	3.9
1969	18.9	98.1	60.3	4.5
1970	25.4	152.4	101.4	5.8
1971	24.9	153.2	109.1	5.3
1972	27.5	150.2	106.8	5.4
1976	48.1	187.9	118.2	4.7
1977	35.4	189.1	150.6	5.1

出典：『宮城県観光便覧』1965/1968/1970/1972/1974/1979 年
度版

これにあわせて施設もますます整備され、1969年度における宿泊施設はキャンプ場も含めて8軒、収容人数は750人となっていた。1972年にはいわかがみ平にレストハウスが完成した。これは地元自治体と商工会が中心となって設立した企業が運営した（『旅館営業申請　周遊関係』、くりはら田園鉄道関係資料）。翌1973年には、運輸省所管の花山村青少年旅行村がオープンした。キャンプ場、運動広場、遊歩道などを備えた500名収容可能な施設であった。さらに1977年には労働省所管の勤労者いこいの村栗駒、1980年には文部省所管の国立少年自然の家ができるといった具合で、縦割り行政の見本市のようでもあった。

　もっとも、栗駒町による駒の湯への入込客調査によれば、1970年代前半において圧倒的多数を占めていたのは、栗駒山での宿泊をともなわない宮城県内居住者による日帰り旅行であり、その数は宿泊客の10倍以上にものぼっていた（表7-5）。そして、1971年に年間16万人ほどであった日帰り客は1976年に27万人を突破した。この間、来訪客の目的も「見物・行楽」が2割強から3割強へと拡大し、「登山・ハイキング」に肉薄するようになっていった。またこの頃には従来の夏季（6-8月）に加えて秋季（9-11月）の観光客数が急増しており（表7-6）、バスやマイカーで紅葉狩りに訪れる観光客が増加していたことを窺わせる。栗駒山は仙台から気楽に日帰りのドライブができる場所となったのである。東北自動車道が築館インターまで開通した1977年には、秋季の観光客数が前年より激増した。

　だが栗駒山の観光客数の伸びとは対照的に、1960年代半ばをピークとして栗原電鉄の利用者数は急速に落ち込んでいった（図7-2）。これは沿線住民の日常的な利用が減少したのが最大の要因であったが、観光客も鉄道から離れていった。国鉄は1969年に栗駒山を周遊指定地とするなど旅客誘致を図ったものの、歯止めはかからなかった。1970年のシーズン終了後に作成された国鉄直通列車に関する報告書には、「年々『山』そのものは賑わってきているのと対照的に「栗駒フラワー号」利用客は閑散で期待した成果は得られず横ばいの格好で運転を終了した。〔中略〕自家用車、貸切バス利用者の喰い込みがますます熾烈を加えてきた」（「快速列車『栗駒フラワー号』運輸成績表」1970年8月25日、くりはら田園鉄道関係資料）と記されていた。

表7-7　仙台－栗駒山間の運賃

（単位：円）

年次		往復普通運賃			往復割引運賃			
		国鉄	社線		国鉄	社線		発売額
			栗原電鉄	宮城交通 （バス）		栗原電鉄	宮城交通	
1963	大人							700 または 750
	小児							350 または 375
1968	大人							1,000
	小児							
1975	大人	780	520	1,000	700	470	900	2,070
	小児	380	260	500	340	230	450	1,020
1977	大人				1,080	620	1,000	2,700
	小児				540	310	500	1,350
1978	大人	1,420	940	1,500	1,260	860	1,360	3,480
	小児	700	480	760	620	440	680	1,740
1979	大人	1,620	940	1,500	1,440	860	1,360	3,660
	小児	800	480	760	710	440	680	1,830

注：空欄は不明を示す。
出典：栗原電鉄「夏季栗駒山登山客に対する特殊取扱について」、『仙鉄旅客ニュース』第40号（1968年6月）、
　　『仙台鉄道管理局報』第7449号（1975年7月5日）、第7962号（1977年6月16日）、第8246号（1978年7
　　月12日）、第8469号（1979年5月17日）　いずれもくりはら田園鉄道関係資料

　直通列車の利用状況を示した前掲表7-3によって、当時の列車内の様子を想
像してみよう。この列車は国鉄のディーゼルカーによる2両編成で運転された
から、一列車あたりの定員は大体200人ぐらいであった。運転開始のころは多
いときで7割以上の乗車率であったから、4人掛けボックス席に3人くらい
座っている状態ということになる。しかし、利用客が落ち込んだ時期になると、
時には1列車に42人しか乗っていないということさえあった。4人掛けのボッ
クス席を独り占めできるということであるが、それは乗客にとって快適であっ
ても国鉄や栗原電鉄にはありがたくない状況であった。
　秋の直通列車利用客数が非常に少なかったということも重要であった。先に
述べたように、1960年代から1970年代の栗駒山では、秋の紅葉を見にいく人
が年々増えていたのであるが、栗原電鉄はそうした需要を取りこぼしていたこ
とになる。1970年からは秋の直通列車は運行を止め、1973年には直通列車そ

のものが運転されなくなった。その後地元の陳情により 1977 年から 1979 年まで復活したものの、やはり利用率は低迷し、定着しなかった。この間の 1978 年には、栗駒山全体の観光客数よりも、栗原電鉄の利用者数のほうが少ない状況になってしまった。栗駒山観光客の流動と鉄道のサービスが、完全に乖離してしまったのである。

　利用客の鉄道離れはなぜ起きたのであろうか。ひとつは、所要時間の長さや乗り換えの不便さである。直通列車の運転が取りやめられていた 1975 年に国鉄が示した「モデルコース」によれば、仙台を朝 7 時 25 分に急行列車で発ち、石越で栗原電鉄に、栗駒でバスにそれぞれ乗り換えると、いわかがみ平に着くのは 11 時 15 分であった。帰りは 16 時 20 分にいわかがみ平を発ち、仙台に帰着するのは 21 時 35 分であった。往復だけで 9 時間を要し、しかも着席が保証されていないとなれば、着席が保証されている観光バスや自由度の高いマイカーが選好されるのも無理はない。もうひとつは、運賃の高さであった。1970 年代、鉄道の運賃は急激に上昇していったが（表 7-7）、とくに 1975 年から 1978 年にかけてはわずかの間に 1.7 倍となった。国鉄のみならず、栗原電鉄や宮城交通のバスも同水準で値上げされていたことがわかる。

その後の栗駒山観光

　こうして 1970 年代後半以降、栗駒山は観光バスや自家用車でアクセスする土地となった。1977 年には東北自動車道が築館インターまで開通し、アクセスも格段によくなった。1979 年の定期観光バスのルートは、仙台駅前を朝発車して泉で東北自動車道に乗り、築館インターチェンジで下りてから「樹海ライン」を通っていわかがみ平まで行くというものであった。乗客はそこでバスを降りて往復 2 時間ぐらいの山歩きを楽しみ、駒の湯温泉でお風呂に入って滝を見てから帰途につくことになっていた（『宮城県観光便覧』1979 年版）。1987 年のバスツアーについても記録が残されているが、ほぼ似たようなコースで、仙台駅前を 7 時 45 分に発車して駒の湯温泉に 10 時 30 分着、いわかがみ平の到着時刻はわからないが駒の湯から 30 分も要しなかったはずである。夕方には仙台駅前に戻ることができる日帰り旅行の料金は 5700 円で、国鉄と栗原電鉄および路線バスを乗り継いでいくのと似たようなものであったが、乗り換え

表 7-8　宮城県主要観光

年度	栗駒	蔵王	阿武隈渓谷	松島	二口渓谷 （秋保、作並、二口）	船形連峰
1950	73	129		1,837	139	
1951	46	159		2,600	128	
1952	57	188		2,836	172	
1959	39	518		5,330		
1960	53	726		6,925		
1961	69	872		8,731		21
1962	81	1,274		9,530		25
1963	97	1,500		10,483		30
1964	99	1,540		10,655		330
1965	105	1,551		11,127	418	354
1966	146	1,654		11,735	721	245
1967	163	1,834		12,746	790	367
1968	164	1,910		4,406	863	373
1969	182	2,003		4,525	914	404
1970	285	2,142		5,157	1,073	580
1975	354	2,996		6,160	1,560	1,473
1980	575	2,120		5,251	1,741	2,000
1985	799	3,144		6,992	2,166	2,150
1990	952	3,641	301	8,099	3,052	2,293
1995	1,016	4,289	245	6,475	2,868	2,367
2000	1,051	3,428	223	5,068	2,917	2,412

注：「松島」は 1967 年度までは仙台を含み、1964-90 年度は塩釜を含むと判断される。
出典：1950 年度は『宮城県観光施設整備計画書』65 頁（鉄道利用客のみ、全体の 85% 程度とされる）、1951〜52

　の手間や所要時分などでは圧倒的にバスツアーに軍配があがり、さらにおみや
げも付いていた（『宮城県観光便覧』1987 年版）。
　表 7-8 は、宮城県内の主要観光地の入込客数の推移を示したものである。こ
れを見ると、同県ではやはり松島が圧倒的な存在感を示していることが改めて
理解できる。また、蔵王や鳴子といった有名どころの観光地の中で、栗駒山が
それほど目立っていないことも、認めざるを得ない。しかし、入込客数の絶対
数ではなく傾向に目を転ずると、栗駒山もそう捨てたものではないことが窺え
る。すなわち、松島では 1970 年代には入込客数が頭打ちになっており、蔵王
や鳴子も、やはり 1970 年代から 1980 年代にかけて伸び悩んでいる。1990 年

地観光客数

（単位：千人）

鳴子 （玉造温泉郷）	牡鹿・ 金華山	旭山	気仙沼湾	南三陸海岸	計
94	236	24	35		2,568
215	421	31	80		3,678
246	454	38	81		4,074
385	375	33	211		6,891
470	491	39	254		8,957
610	637	50	328		11,319
731	764	55	375		12,835
877	840	61	402		14,290
1,147	1,381	42	460		15,655
1,330	1,611	65	526		17,086
1,527	1,694	58	746		18,526
1,558	1,703	70	820		20,050
1,564	1,683	69	929	354	12,314
1,649	1,816	80	1,062	409	13,044
1,910	1,943	76	1,215	477	14,858
2,936	2,812	150	1,801	1,431	21,674
3,362	2,245	184	1,800	758	20,036
3,319	2,194	220	2,028	1,812	24,824
3,920	2,118	129	2,092	1,926	28,523
3,403	2,464	128	1,818	1,680	26,753
2,065	2,606	100	2,240	1,830	23,940

年度は宮城県『宮城県史 16（観光編）』（同、1955 年）25 頁、以降は宮城県統計各年度版

　前後のバブル期には大幅に増えたところもあったが、その後の落ち込みもまた激しいものであった。一方、栗駒山の入込客数は少しずつではあるが常に伸びつづけ、バブルもバブル崩壊も関係なく、1995 年には 100 万人を突破した。

　少し強引かもしれないが、この理由を考えてみたい。松島は素晴らしい景勝地だが、いかにもお手盛りという感じの観光コースが整備され、旅慣れた人から見ると少し物足りない面も否めない。また、バブル期に一過性の投資をしたところでは、結局のところその土地の個性を失い、長い目で見れば陳腐化を促進してしまったきらいがある。栗駒山でも 1987 年にリゾート法が成立したことを受けて 1989 年に「栗駒町リゾート構想」が持ち上がったが、結局バブル

崩壊で不発に終わった。そのことが反って、栗駒山を派手さこそないが豊かな
自然を楽しめる観光地として保ち、絶対数は少ないながらも目の肥えた旅行者
に人気を博して支持者を増やしつづけるのにつながっているということなのか
もしれない。

参考文献・史料

宮城県観光審議会『宮城県観光施設整備計画書』同、1952 年

宮城県『宮城県史 16　観光』同、1955 年

高嶋修一「1950-1970 年代の栗駒山観光と栗原電鉄」〔青山学院大学〕『経済研究』5 号、
　　青山学院大学経済研究所発行、2013 年

くりはら田園鉄道関係資料。なお、同史料群中の整理番号等は本書では省いたので、遡及
　　する場合は上記（高嶋、2013）を参照されたい。

宮城県統計書各年度版

宮城県『宮城県観光便覧』各年度版

第8章

「箱根山戦争」とロープウェイ

1. いわゆる箱根山戦争

獅子文六の『箱根山』

　公共交通機関を使った箱根旅行で鉄道やバスなどのフリーきっぷを買おうと
すると、利用者は大まかにいってふたつの交通事業者のうちからひとつを選ば
ねばならないことに気づかされる。すなわち、小田急グループの小田急箱根
（かつての箱根登山鉄道）およびその関係会社と、西武鉄道グループの伊豆箱根
鉄道およびその関係会社である。最近では両者に多少の協力関係もあるが、基
本的に両者は別々の交通系統を形成している。例えば前者に有効な「箱根フ
リーパス」は、箱根登山電車や箱根登山ケーブルカー、箱根登山バス、箱根
ロープウェイ、芦ノ湖の遊覧船「箱根海賊船」といった幅広い交通機関を利用
できる乗車券であるが、後者に属する伊豆箱根バスや「芦ノ湖遊覧船」、十国
峠ケーブルカーや箱根駒ヶ岳ロープウェイを利用することはできない。逆もま
たしかりで、伊豆箱根バスの発行するフリー乗車券「箱根バスフリー」を持っ
ていても、箱根登山バスや登山電車に乗車することはできない。
　両者には重複する区間も多く、一元化されれば旅客の行動範囲も利便性も
ぐっと広がるところであるが、実際には「箱根フリーパス」を持つ人は伊豆箱
根バスなど存在しないかのように旅行しなければならないし、「箱根バスフ
リー」を持つ人は箱根登山電車など存在しないかのように旅行しなければなら

ない（もちろん、追加出費を厭わなければ話は別である）。実は2020年代に入って、箱根における交通事業者は大きな再編を迎えた。ケーブルカーやロープウェイ、そして遊覧船をも運行していた伊豆箱根鉄道とその系列の企業がバス以外の交通事業から撤退し、2022年に十国峠ケーブルカーが、2023年に芦ノ湖遊覧船が、ともに山梨県を拠点とする富士急行グループに移ったのである。かつては、これらに加えて伊豆箱根バスはもちろん、箱根駒ヶ岳ロープウェーにも有効なフリーきっぷ「箱根旅助け」が販売されていたが、2024年3月いっぱいで廃止されてしまった。ただ、同じエリアで有力な交通事業者同士がライバル関係にある状況は変わっていない。

　箱根の交通事情がこのようになったのは、第二次世界大戦中のことであった。第3章で述べたように、戦前の箱根では箱根登山鉄道と富士屋自動車とが激しく競争していたが、1932年に前者が後者へバス部門を譲渡し、箱根登山鉄道と富士箱根自動車となった。戦時中の1940年代に箱根登山鉄道は日本電力の傘下を離れ、東京横浜電鉄（のちの東京急行電鉄）の経営者として東京西南郊の交通事業者統合を進めていた五島慶太（1882-1959）が経営権を掌握した。そして、1944年には富士箱根自動車が箱根登山鉄道に合併された。一方、堤康次郎の経営する箱根土地は1920年代初頭に箱根遊船という企業を傘下に収めて芦ノ湖の遊覧船事業に乗り出し、ついで有料道路の建設にも乗り出した。また、1930年代には同じく傘下の駿豆鉄道によって箱根のバス事業に参入した。1938年には両社が合併して駿豆鉄道箱根遊船が成立したのち、1940年に駿豆鉄道へと商号を変更した。

　箱根登山鉄道は東京急行電鉄（東急）の傘下で戦後を迎えたが、1948年に東急から小田急電鉄（小田急）が分離したのにともない、小田急の傘下企業となった。駿豆鉄道のほうは、堤が経営していた東京近郊の武蔵野鉄道と西武鉄道などとが合併して西武農業鉄道（すぐに西武鉄道と改称）となったのをうけ、その関係企業として歩むこととなった。1957年に伊豆箱根鉄道と社名を改めている。

　このほかには、藤田財閥の流れをくむ藤田興業が箱根小涌園を拠点に箱根での観光事業に進出し、1955年には小川栄一（1900-78）を社長とする藤田観光が設立された。同社はホテル経営にとどまらず交通事業への進出も志向し、

1950年代末には有料道路の「芦ノ湖スカイライン」の建設へと乗り出していく。ただ、箱根登山鉄道や伊豆箱根鉄道と直接対決をすることはなかった。

図8-1　獅子文六
所蔵：神奈川近代文学館

　作家の獅子文六（1893-1969、図8-1）は、こうした三つ巴の競争をモチーフにした小説『箱根山』を1961年に朝日新聞に連載した（1962年に単行本化）。しかしこの作品は、企業間の角逐を背景として取り扱ってはいるものの、経済小説ではない。作品のなかでクローズアップされていくのは、江戸時代からのライバル同士である2軒の老舗温泉旅館であり、その一方の若い番頭と、もう一方の娘との恋愛である。こちらには明確なモデルと言えるものはない。

　作中で恋愛関係におちる二人は、開明的で聡明な人物として描かれる。箱根の地に急速に大資本が進出するなか、零細旅館同士がいがみ合ったところで仕方がないと悟ってはいるものの、まだ若すぎて双方とも経営に口を出せるほどの実権はない。そんな二人が互いの10年後を誓い合い、若番頭のほうはあえて火中の栗を拾うかのように、新進の観光事業者である「氏田観光」に身を預けることを決意して物語は結末を迎える。この作品は単行本化と同じ年に映画化され、加山雄三と星由里子がこれらの人物を演じた。

　それにしても、大資本が進出し、旧来の旅館経営手法が通用しなくなった状況とはどのようなものなのであろうか。作品中の次の一節が、それを見事に表現している。

　　夏一カ月間の避暑客を除き、温泉で静養する客はなくなったのである。一泊客か、日帰りの客が大部分である。温泉の効能なぞ、誰も問題にしなくなった。短い時間に、できるだけの享楽をして、サッと東京へ帰っていく客ばかりである（獅子、2017、117頁）

「短い時間に、できるだけの享楽」をするのに必要なものの一つが、交通手

段である。滞在客を逗留させるのではなく短時間でサッと来させてサッと帰らせ、人をぐるぐる回すかのように捌くことで、交通機関と宿泊施設の回転率を高めて利益をあげるというのが、ここでのビジネスモデルである。1泊客や日帰り客が長期滞在者に比べて歓迎されないということには必ずしもならない。なぜなら、客の回転が速ければ速いほど交通事業は儲かるからである。宿泊施設だって、宿泊客に加えて日帰り客が利用するようになれば設備回転率は上昇する。長々と滞在されることは、この流れにとってむしろ邪魔でさえある。

企業間の角逐とロープウェイ計画

前項で述べた駿豆鉄道と箱根登山鉄道の角逐は「箱根山戦争」と呼ばれる。加藤利之の研究によれば（加藤、1995）、もともと両社は競合関係にあったが、それが激化した発端は、1950年に駿豆鉄道が小涌谷－小田原間のバス路線を開業したことであった（地図8-1）。それまで小田原を拠点とするのが箱根登山鉄道、熱海を拠点とするのが駿豆鉄道という棲み分けができていたところ、駿豆鉄道が箱根登山鉄道の営業区域に進出したのである。これに対し、箱根登山鉄道は駿豆鉄道が建設した有料道路に乗り入れ、小涌谷から戦後復活したケーブルカーの終点・早雲山を経て芦ノ湖の北端・湖尻へと至るバス路線を開業した。小田急は傘下に箱根観光船株式会社を新たに設立し、遊覧船運航を開始した。芦ノ湖は駿豆鉄道が航路を独占していた場所である。互いのテリトリーを荒らされたと感じた両者は激しい競争を展開し、対立はやがて許認可権を有する運輸省をも巻き込んだ訴訟合戦にまで発展した。

1956年、駿豆鉄道が自動車専用道路の入口に遮断機を設置して箱根登山のバス乗り入れを実力で阻止するという挙にでた。きっかけは、小田急傘下の箱根観光船が芦ノ湖に大型の客船「あしがら丸」を導入したことであった。それまで大型船を独占して湖上で優位にたっていた駿豆鉄道は、「あしがら丸」建造許可取り消し訴訟を起こすと同時に、箱根登山鉄道バスとの乗り入れ協定が更新期限を迎えるにあたってこれを破棄することを通告し、実力行使に出たのであった。小田原駅では両社の関係者が大音量のスピーカーで旅客の誘致合戦を行い、バスも互いに衝突せんばかりに競い合って走行したという。

箱根登山鉄道は駿豆鉄道による運行妨害の禁止を求めて、駿豆鉄道は箱根登

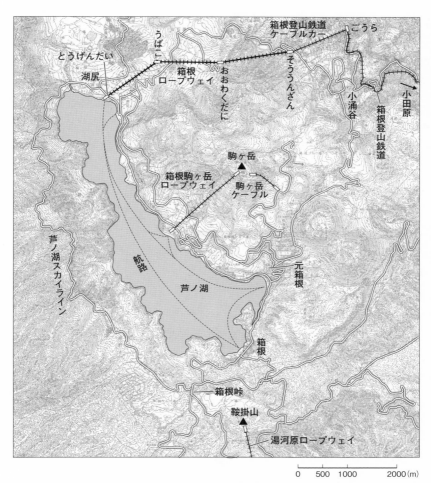

地図 8-1　箱根ロープウェイと周辺地図（1970 年代前半）

出典：国土地理院 2 万 5000 分の 1 地形図「箱根」（1971 年 7 月）、「裾野」（1973 年 2 月）を加工

山鉄道バスの自社保有道通行禁止を求めて、それぞれ横浜地方裁判所小田原支部に仮処分申請を行った。運輸省は調停を試みたが、不調に終わった。そしてこの件は結局、駿豆鉄道（1957 年からは伊豆箱根鉄道）の勝訴に終わった。箱根登山鉄道は抗告や控訴を試みたが、乗り入れ協定が期限付きであったことが決め手となり同社の主張は受け入れられず、1961 年の箱根登山鉄道による控

訴が棄却されて決着した。この間の1960年7月9日に行われた運輸大臣による関係各社に対する聴聞会が、獅子文六『箱根山』の冒頭場面のモデルとなった。

　この裁判のさなか伊豆箱根鉄道の道路を使用できなくなる可能性が高まったことで、小田急側は早雲山から湖尻までのロープウェイ建設を企図し、1959年に箱根ロープウェイ株式会社を設立した。西山有紀子によればロープウェイの構想自体は戦前の1930年代から存在しており、戦後の1953年には早雲山ロープウェイという名称で免許も得ていたから、「箱根山戦争」をうけて突然計画されたものではない（西山、2021）。以前から存在した計画が「箱根山戦争」で実現に向けて加速したというところであろう。後段で改めて述べるが、1959年12月に早雲山－大涌谷が開業し、1960年9月には大涌谷－湖尻桃源台間も開業した。1961年、伊豆箱根鉄道の有料道路を神奈川県が買収して県道とし、「箱根山戦争」は終結した。

2. 日本におけるロープウェイの導入と普及

初期のロープウェイ

　ロープウェイは法制度上、鉄道の一種とされ、鉄道事業法（1987年施行）に規定される「索道事業」の許可を受けて営業するものをいう。同法の施行規則では、次の2種類の索道を規定している。ひとつは普通索道であり、「扉を有する閉式の搬器を使用して旅客又は旅客及び貨物を運送する索道」をいう。つまりキャビンのあるロープウェイのことである。もうひとつは特殊索道であり、「外部に開放された座席で構成されるいす式の搬器を使用して旅客を運送する索道」をいう。スキー場などのリフトである。どちらも旅客輸送が前提で、貨物専用索道は鉄道事業法の適用外である。同法より前の法令については、後述する。

　空中に綱を渡して人や貨物を輸送すること自体は、世界各地で古くからおこなわれていた。日本でも前近代より野猿といわれる人力のロープウェイがあり、現在でも観光用のものが若干ある。鋼索を用い機械動力を備えたものは、1868

年に英国のチャールズ・ホドソン
が発明したとされている。これは
貨物用であったが、旅客用の近代
的索道は1890年代に欧米の博覧
会で登場し、20世紀初頭に実用
化された。日本では1912年に大
阪新世界ルナパークで旅客用索道
が開通し、1914年に上野公園で
開催された東京大正博覧会にも索
道が出展された。いずれも遊戯施
設としての性格が強いものであっ
た（斎藤、1985）。

　営業用の索道としては、1927
年に三重県に開業した紀伊自動車
矢ノ川索道が最初とされている
（図8-2）。1928年には福岡県に愛
宕索道が開業した。これは福岡市
内の鷲尾愛宕神社への参詣客を輸
送するためのロープウェイであっ
た。同年、比叡山でも京都電灯に
よりロープウェイが開業した（第
2章）。後の二者は、搬器を支え

図 8-2　矢ノ川索道

注：原典の写真が裏焼きと思われるため、反転して掲載し
　た。
出典：〔パンフレット〕『安全索道』安全索道商会、1935
　　年版（所蔵：九州大学附属図書館）

る支索と、搬器を牽引する曳索とを別々に備えていた。

　索道の仕組みに言及したので、ここでそれらを整理しておく。索道の仕組み
には大きく分けて交走式と循環式とがある。前者は2台の搬器をつるべ式に交
互に運行するのに対し、後者は複数の搬器をぐるぐると循環させ連続的に運転
することができる。循環式には固定循環式と自動循環式がある。固定循環式は、
搬器が鋼索に固定されているのに対し、自動循環式は乗降場で搬器が自動的に
鋼索を握ったり放したり（握索・放索）する機構を備えている。握索中は高速
で運転し、放索区間では停止させたり別の装置により低速で搬器を移動させた

図 8-3　吉野ロープウェイ

出典：図 8-2 に同じ

りできる。複数の握索区間を組み合わせて長距離の路線を形成することもできる。

　索道はまた、搬器を支えたり牽引したりする索条の数によっても分類される。単線式は、矢ノ川索道のように搬器を 1 本の鋼索で支え、また牽引するものである。複線式は、搬器を吊るす支索と、搬器を牽引する曳索とが分かれている方式である。搬器は曳索に引かれ、支索の上を搬車が転がるようになっている。ケーブルカー（鋼索鉄道）の鉄製レールを鋼索に置き換えたようなものと考えればよい。曳索を常用と予備の 2 本備えた方式を、三線式という。愛宕索道は、この方式であった。支索を 2 本、曳索を 2 本備えたのが、四線式である。四線式は 1929 年に開業した奈良県の吉野ロープウェイで採用され（図 8-3）、現在でも同じ方式を保っている。現存する日本最古のロープウェイとして、2012 年度には日本機械学会の機械遺産に認定された。

　近年あらたに登場したものに、複式単線式という方式がある。これは、支索と曳索を兼ねた支曳索を用いる点で単線式に分類されるが、実際には搬器が両腕で万歳をしたような格好で 2 本の並行する支曳索を握索するようになっている。2 本の索条を同じ速度で同期させなければならないし、それぞれにかかる張力も同一に保たねばならないが、その課題さえクリアすれば安定性が高まり、横風に強く安定的な運行が可能になる。20 世紀末に実用化され、日本では 1999 年に徳島県の箸蔵山ロープウェイで初めて導入された。

安全索道商会とロープウェイ の普及

日本における索道メーカーの草分け的存在が、大阪で設立された安全索道商会である。創業者の石田美喜蔵（1876-1944）は奈良県で生まれ、旧制郡山中学校を卒業後に上京して、やがて農業用ポンプなどを輸入していたジェームズ・モリソン商会に入社した。同社在籍時にヨーロッパ製索道への関心を深め、1912年には故郷奈良県の五条－十津川間に全長16kmにもおよぶ貨物用の大和索道を建設し、営業した。そして1915年に安全索道商会を設立し、三井物産を代理店として各地に索道を納入していった（斎藤、1985）。

図8-4　貨物用索道の写真を配した安全索道商会パンフレット

出典：〔パンフレット〕『専売特許　安全架空索道』安全索道商会、1919年（所蔵：京都大学桂図書館）

初期には引き続き貨物用索道を建設した。1919年に同社が発行したパンフレット（図8-4）によれば、「鋼索の進行する速度は普通壱時間四哩を以て適度とし輸送量は最大百五拾噸にも達することを得るものなれば軽便鉄道に比し其量に於ても敢て毫も遜色なし」（2頁）ということであった。さらに、「一時間十噸位の輸送能力ある索道を仮りに五哩〔マイル〕間建設するとせば……鉄道の数分の一の費用にて足る」（36頁）といい、規格の低い鉄道を建設するよりは費用面では圧倒的に有利で、輸送力においても遜色ないというのであった。さらに、索道を建設する場合には土地収用法によって鉄道・軌道と同様に土地の収用または使用が可能であることや、鉱業法においても鉄道、軌道、道路、運河と同じく鉱業権者は必要に応じて他人の土地を索道のために使用できるものとされていたことにも触れていた。

1919年のサプライリストによれば、同社はこの時点で55件の納入実績を有

図 8-5　南満鉱業の貨物用索道

出典：図 8-2 に同じ

していたが、すべて貨物用で、鉱物資源などのバルキーな貨物が多くを占めていた（図 8-5）。1921年に刊行した『架空運搬装置』というパンフレットに記された供給表では 73 件に増えていたが、やはりすべて貨物用とみなすべきものであった。このパンフレットには、「運搬方法を改善し極度に労力を省く事は事業家の最大急務」「機械と装置はストライキもサボタージユもせず、小言も不平も曰わず、従順に忠実に、四六時中規則正しく働きます」とある。労働運動が盛んになりつつあった当時の雰囲気をよく表しているといえる。

　安全索道商会として最初の旅客用索道は、先述の矢ノ川索道である。貨物用索道を応用した単線自動循環式であった。搬器 1 台の定員はわずか 2 名であったが、最盛期には 25 台を擁していた。ただし、この方式は 1927 年 9 月 3 日付で公布された索道事業規則（逓信省令第 36 号）のため、以後新規に採用することが不可能となった。同規則で、旅客を扱う場合は支索および曳索をそれぞれ 2 本ずつ備えること、ただし曳索が十分堅牢であり支索が切断しても曳索で搬器を支持することができる場合は支索を 1 本としてもよいことと定められたためである（第 13 条 2 項）。愛宕索道で三線式が採用されたのは、同規則公布前だったためとされるが、吉野ロープウェイで四線式が採用されたのにはこうした法制度上の背景があった。なお、吉野ロープウェイは安全索道商会が納入した。

　1935 年の同社パンフレットでは、旅客用索道にも言及がある。「特許安全索道は登山の旅客を輸送するに適し頗る好評あり、登山客運輸機関としてはドライブウェー又はケーブルカーに比して建設費及び維持費の点に於て著く有利にして動揺少なく乗心地は更に軽快」（11 頁）とある。ここで目玉として取り上げられたのは、兵庫県の「六甲登山ロープウエー」であった。1931 年 9 月に阪急電鉄傘下の六甲登山架空索道が開業したもので、全長 1511m、高低差は

413m、運行方式は交走式、懸吊方式は三線式であった。安全索道商会は1928年の東北産業博覧会に三線式索道を出展したことがあったが、恒久的な営業用としてはこれが初であった。第一曳索が切断した場合にはただちに第二曳索を把握する「特許安全装置」を備え、搬器定員は20名であった。

　パンフレットでは、安全索道商会の石田社長が自らの署名記事として六甲登山ロープウェイの紹介をするという力の入れようであった。石田は「凡そ五年程前に其山麓より頂上に向け自動車道が開通したが此車道は諸所に八分の一位の急勾配があり、ジッグザッグ的の急屈折多く乗車の旅客をして不安不快の念を起さしめる事がある」（33頁）として自動車に対するロープウェイの優位性を主張している。なおロープウェイ開業の翌年には並行して六甲越有馬鉄道がケーブルカー（鋼索鉄道）を開業した。同社は阪神電気鉄道の傘下にあり、阪神間で競合する2社が六甲でも競争を繰り広げる格好となった。その後、第二次世界大戦中の1944年に両線は休止されたが、ロープウェイはそのまま廃線となったのに対し、ケーブルカーは戦後に復活して今日まで営業を続けている。

　安全索道商会の1935年版パンフレットにはもうひとつ特筆すべきことがあった。それは、ほぼ同内容の英文が付されていたことである。海外への輸出を意識してのことであり、英国系商社の出身である石田社長の意向が働いたのかもしれない。1939年、同社は安全索道と社名を改めた。戦後は1946年に札幌の藻岩山に駐留軍関係者向けのスキーリフトを納入し、1950年には1943年以来休止されていた日光の明智平ロープウェイの復活を手掛けた（安全索道株式会社WEBサイト）。

3. 箱根ロープウェイの建設

国立公園事業をめぐる困難

　話を箱根に戻そう。箱根ロープウェイの構想が戦前から存在したことは、すでに述べた。箱根登山鉄道が早雲山－大湧谷間の架空索道を出願した1930年は、旅客用索道が新しい交通手段として普及しようとしているときであったが、これは実現しないまま戦後を迎えた。小田急が傘下に早雲山ロープウェイ株式

会社を創立した1952年は、戦後の混乱がおさまり、日本が独立を回復して国際社会に一応復帰し、国土開発が推進される雰囲気のなかで山の観光開発が再度活発化しつつあった。以下では、西山有紀子の研究に依拠しつつ、戦後の箱根ロープウェイの建設過程について述べていく（西山、2021）。

　早雲山ロープウェイが免許を得た区間は、早雲山－大湧谷－芦ノ湖湖尻間の3724mであった。三線交走式のロープウェイを建設し、30名乗りのゴンドラを4台備えて、所要時間20分で結ぶという計画であった。ゴンドラが4台なのは、大涌谷で区間をわけてそれぞれの区間に2台ずつ配置するつもりだったのであろう。運輸省の索道事業免許は、1953年5月に交付された。しかし、ここで問題が生じた。厚生省が管掌する国立公園事業の特許が認められず、同年8月に却下されたのである。第6章で指摘したことが、ここでは現実のものとなった。

　箱根一帯を含む富士箱根国立公園は、1936年に国立公園指定された。管掌するのは内務省衛生局であったが、1938年に厚生省が発足すると同省体力局に移管された。1948年からは同省国立公園部が管掌していた。しかし、ロープウェイの計画を止めたのは必ずしも厚生省とはいえない。神奈川県知事内山岩太郎（1890-1971、図8-6）が、計画に否定的な副申を厚生省に提出し、さらに運輸省に対しても神奈川県の意向を確認すべきではないかと牽制したのである。一般論として県知事の副申は無視すべからざるものであったが、加えて内山という政治家の影響力も大きなものであった。

　神奈川県は、必ずしも国立公園内の開発に反対していたわけではない。1950年には県主導で国立公園法に基づく「集団施設地区」という開発対象地区を湖尻に設定し、1951年には「湖尻開発計画要綱」を策定していた。そこでは「在来の通俗的観光地化」を避け、「優れた自然環境を保護育成すると共に計画に基く厚生利用施設を充実し、特に国民大衆の安易健全なる利用に公開する」ことが謳われていたという。そしてこの制度の下では公共的施設を基本的に県と国が造設することとなっていた。

　こうした動きの外で小田急が早雲山ロープウェイの事業免許を得たことが、神奈川県にとって好ましくなかったというのは、理解できないことではない。ちょうどバス路線や芦ノ湖遊覧船をめぐって箱根登山鉄道と駿豆鉄道との競合

が激化したころでもあった。一方、内山知事は西武グループの総帥である堤康次郎とは知己であった。ただ、そうであるからといって県が駿豆鉄道に肩入れしロープウェイの計画を邪魔したとみるのは、やや単純にすぎる理解かもしれない。県は、少なくとも表向きには、民間事業者間の角逐がもたらす混乱を収め、行政の影響力を保持しつつ開発を進めようとしていた。

図 8-6　内山岩太郎
所蔵：神奈川県立公文書館

1954 年には厚生省国立公園部が「湖尻集団施設地区詳細計画案」を決定した。案には「〔湖尻には〕仙石原及び箱根町方面から県道が通じ強羅大涌谷方面からは専用車道もあり、小田原、御殿場、沼津、熱海等各方面からもバスが通じ、湖上には遊覧船の便もあって利用上は極めて便利である」と述べられていたが、この時点では小田急のロープウェイは計画の中に入っていなかった。

箱根ロープウェイの実現

小田急が湖尻にロープウェイの終点駅を設けるには、県とのもう一段の駆け引きが必要であった。1954 年、神奈川県は箱根登山鉄道に対し同社が戦前以来もつ強羅の水道施設の譲渡を要求した。これは水道行政の必要上からであったが、これに対し小田急は早雲山ロープウェイの索道事業免許をいったん箱根登山鉄道に移したうえで、水道譲渡の条件として湖尻の県有地を同社に譲渡することを要求したのである。

神奈川県はこれに応じた。それまでの態度を一転させ、「協力的な好意のある態度」（神奈川県庁文書）によって湖尻の駅用地を認めたのである。こうして 1956 年に箱根登山鉄道と神奈川県企業局との間で水道施設譲渡契約が成立した。箱根登山鉄道は索道免許を再度小田急に移したうえで、小田急から厚生省へ国立公園事業特許を申請した。

とはいえ、これですべてが決着したわけではなかった。国立公園事業特許の再申請に際して神奈川県土木部は大涌谷－桃源台〔湖尻〕間について、「箱根

図 8-7 箱根ロープウェイ（1960 年）

撮影：中川浩一（提供：『鉄道ピクトリアル』編集部）

に於ける主要景観地域」であるとして、当該施設について「自然美保護の見地」から認めがたい旨の意見を付していた。また厚生省の国立公園管理員も、ロープウェイを 1 日 8 時間運転して 5000-8000 人もの旅客が利用するとなれば、計算上 150-180m 間隔に搬器が連なることになり風致上好ましくないとして、駿豆鉄道が小田急系バスに有料道路の通行を許せばロープウェイを建設する必要はないと述べていた。これらが純粋に環境保護の観点からのみ発せられた意見かどうかは、わからない。

1956 年、厚生省はロープウェイ駅を含めた湖尻集団施設地区計画の推進を渋る神奈川県土木部に対して、速やかな計画策定を催促した。そして 1957 年には内山知事が厚生省に対しロープウェイを含む計画の是認を副申した。これをうけて、厚生省は小田急に対し国立公園事業特許を交付し、箱根ロープウェイは実現に向かうこととなった。ロープウェイ実現の障害は駿豆鉄道の道路上をロープウェイが通過することを同社が認めるかどうかであったという見解もあるが、実際には神奈川県や厚生省との関係が重要であったことになる。

1959 年、小田急は傘下に箱根ロープウェイ株式会社を設立し、事業権を同社に譲渡した。同社は 1959 年から翌年にかけて早雲山－大涌谷－桃源台（湖尻）間を開業した。全長は当時世界第 2 位の 4035m で、複線自動循環式が採

用された。設計は戦後に創業した日本ケーブルが担当した（図8-7）。自動循環式でグルグルと絶え間なく回転するロープウェイは、旅客を絶えず回すことを意味した。『箱根山』で獅子文六が描いた、高度成長期の観光を象徴する交通機関であったといえるかもしれない。

　箱根ロープウェイは開業以来日本で最大規模の索道でありつづけ、21世紀初頭には「フニテル」の愛称がついた最新の複式単線自動循環式に設備を更新した。しかし、2015-16年と2019年には箱根山の噴火警戒レベルが上昇し、長期にわたる運休を余儀なくされ、厳しい自然環境のなかにおける観光事業の難しさを改めて浮き彫りにした。

参考文献・史料

斎藤達男『日本近代の架空索道』コロナ社、1985年

加藤利之『箱根山の近代交通』神奈川新聞社、1995年

獅子文六『箱根山』ちくま文庫版、2017年

西山有紀子「高度成長期における箱根一貫周遊ルート構築と観光開発の展開――箱根ロープウェイの経営を事例に」『鉄道史学』39号、2021年

〔パンフレット〕『安全索道』安全索道商会、1919年

〔パンフレット〕『架空運搬装置』安全索道商会、1921年

〔パンフレット〕『安全索道』安全索道商会、1935年

「企業情報　沿革」安全索道株式会社WEBサイト

第 9 章

那須高原のリゾート開発

1.「りんどう湖」の正体

溜池の観光利用

栃木県の那須町に「那須高原りんどう胡ファミリー牧場」という施設がある。「りんどう湖」（地図 9-1）を中心に、周囲に遊具や観光牧場を配置した施設で、かつては首都圏でテレビ CM を盛んに流していた。実は 1965 年の開業以来「那須りんどう湖ファミリー牧場」だったのを、2014 年に「那須りんどう湖 LAKE VIEW」と改称したのだが、2020 年になって現在の名称に再度改め今日に至っている。「りんどう湖ファミリー牧場」という名称がブランドとして確立していることを示すエピソードといえよう。

この「りんどう湖」であるが、実は天然の湖沼ではない。正式名称を「江戸川用水温水溜池」という農業用の溜池で、周辺 126.4ha の水田への水利確保と冷害防止のために 1962 年から 1964 年にかけて造成された。農業用水の途中に堰堤を建設して灌漑水をせき止め、干天に備えるとともに水温を作物に適したものに調節するのである。堰堤は 1 号から 3 号まであり、高さは最大で 10m 以上、天端の幅は 5m、長さの合計は 274m にもおよぶ大規模なものであった（図 9-1）。

事業の実施主体は「江戸川用水土地改良区」であった。土地改良区というのは 1949 年に成立した土地改良法に基づく公共団体で、戦前以来の耕地整理組

地図 9-1　りんどう湖とその周辺（1970年代半ば）

出典：国土地理院2万5000分の1地形図「板室」「那須岳」（1974年1月）、「那須湯本」「黒田原」（1975年9月）

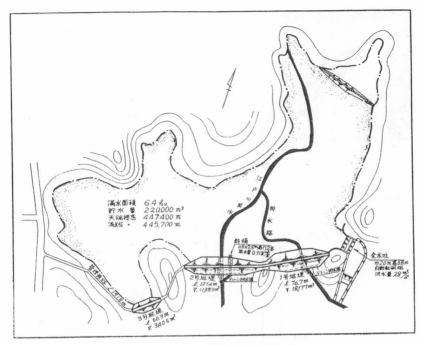

図 9-1　江戸川用水温水溜池平面図

出典：那須町・江戸川用水土地改良区『江戸川用水溜池事業概要』1964 年（提供：川崎庚生氏）

合や普通水利組合（北海道では土功組合）などが果たしていた役割を引き継いで、農地や水路などの整備および管理を行う。戦前の組合は地主だけが構成員であったが、土地改良区においては所有権以外の権利も尊重され、耕作農民など土地を利用する関係者も組合員となることが可能になった。水路整備やポンプ設置などの土木工事は明治末期から大規模化していたが、戦後はますますその傾向を強めた。大規模なダム工事を伴う溜池の造成も、そのひとつであった。

　こうした工事には当然ながら大きな費用負担が伴う。それは、組合員の負担と国や自治体からの補助金によって支弁され、工事終了後における農業の増収によって賄われることとされた。しかし江戸川用水土地改良区では、それに加えて「多目的使用」として溜池を観光地化することで費用を捻出しようと考えた。観光施設の営業者に溜池周辺の土地や水面利用権を賃貸すれば金銭収入が

得られる。また、その事業者に施設の維持管理を任せれば、組合員による除草などの負担も軽減される。さらに、組合事務所の建物も建設を代行させるかわりに利用を許容した。

　実は、農業用の大規模な溜池を観光に利用するアイディアは、ここだけにみられたものではない。長野県の白樺湖は戦前に耕地整理組合によって造成され、1953年に土地改良区が発足するとそちらに管理が引き継がれたのち、1950-60年代にかけて戦後開拓で入植した農民たちが旅館業を始めたのをきっかけに観光利用が拡大した。やがて遊園地やホテルなどが建ち並び、運営会社の株式会社池の平はテレビCMを通じて多くの人が知るところとなった。また、1951年に完成した兵庫県の東条湖でも、1969年に隣接して遊園地「東条湖ランド」が開園した。

那須興業と箭内源典

　観光利用されることとなった江戸川用水温水溜池には「りんどう湖」という愛称がつけられた。那須に生育する高山植物からとったこの名称は、栃木県副知事であった成良一郎と同県観光課長であった鈴木恒が考案したとされる（箭内、1986）。1965年には溜池の周りを囲むように建設された「りんどう湖ファミリー牧場」が開園した。この施設を運営するために設立された企業が、那須興業であった。

　那須興業の経営の中心にあった人物が、箭内源典（1915-2006、図9-2）であった。箭内は那須湯本の旅館「小松屋」の経営者の子として生まれた。父親は林業や三等郵便局も兼営する地域の名望家で、各界の名士と付き合いがあった。戦前から自動車を購入するなど、裕福な家でもあった。源典は親の意思で小学校の途中から東京に出て、母親の実家であった神田区雉子町の旅館に下宿して中学校の受験に備えた。東京市立第一中学校（現・千代田区立九段中等学校）に進学し、1936年に慶應義塾高等部を卒業したのち、旅館経営を継

図 9-2　箭内源典

出典：栃木新聞社編集局編『とちぎサロン 第2集』栃木新聞社出版局、1966年（所蔵：栃木県立図書館）

承した。

　箭内の実家である小松屋は、大正・昭和戦前期には同じく老舗の松川屋という旅館と激しく競合していたという。双方の支持政党は民政党と政友会とに分かれていたとか、松川屋自動車部が関東自動車に買収されるとそれに対抗して小松屋を中心に那須温泉自動車を設立したなど、エピソードは豊富である。松川屋の立派な建築に対抗して小松屋も増築を行うなど積極的に応じたが、終戦間際の空襲で全焼してしまった。

　終戦後、箭内源典は県の担当者と連絡をとりつつ地元の人々を説得しながら那須の道路整備に尽力したり、1948年に発足した那須観光協会の会長に就任したりした。旅館は1949年に「石雲荘」として再開し、戦前の小松屋と同様に各界の名士が使うようになった。箭内はこの経営にあたるなかでチップの廃止など業態の転換を模索した。その延長上で西洋式ホテルの建設を思い立ち、1960年には「那須ビューホテル」を開業する。若く開明的な経営者が老舗旅館の業態転換を図っていくという筋立ては、第8章で紹介した獅子文六の『箱根山』に登場する開明的な番頭を想起させる。箭内は獅子とゴルフを通じた交流もあったというが、獅子が登場人物のモデルにしたかどうかまではわからない。

　箭内が那須興業を設立し「りんどう湖ファミリー牧場」を開業したのは、彼が満50歳となる年であった。江戸川用水土地改良区が溜池水面の観光利用を構想しているという情報を聞き、それまで那須になかった「水の風景」をもたらし得るとして那須町長に事業化の構想をもちかけたという。すでに他の不動産業者も動き出していたが、箭内に委ねられることとなった。実は、箭内は当初「りんどう湖」の名称にあまり積極的でなかったらしいが、これを受け入れ、自身の発案による「ファミリー牧場」の名称も取り入れた。

　以上の経緯は、箭内が地域の有力者として、他の有力者や町・県・土地改良区といった公共団体の関係者と密接に連携を取りながら事業化を進めていったことを示している。箭内は同時に、栃木県内の他の地域に先んじて那須に開発利益をもたらす役割をも期待されていた。箭内が栃木県知事であった小平重吉（1886-1960、任期：1947-55）と厚生省出身で国立公園指定行政にかかわったのち栃木県土木部観光課長となっていた千家哲麿（1907-95）の二人との間にパ

イプを持ち、「お二人から“僕達が那須にばかり力をいれる、といって他から文句を言われるんだよ”とたびたびうかがった」と回想している事実は、こうした事情を物語っている（箭内、1986）。

箭内はこのあとも積極的にホテル事業を拡大していった。ホテルの経営主体であった那須観光株式会社を 1966 年に「日本ビューホテル」と改称し、1968年に伊良湖ビューホテル（愛知県）を、1974 年に成田ビューホテル（千葉県）を、そして 1985 年には東京に浅草ビューホテルを開業した。日本ビューホテルは 2001 年に民事再生法の適用を受けて経営の建て直しを図ることとなったが、その後は主要株主の変更を経つつ盛業中である。

農業利用と観光利用の両立

当初、りんどう湖を所有するのは栃木県であった。りんどう湖が完成した1965 年、県は溜池などの土地改良財産を譲渡するための規程を制定したが、実際には利用されず、県が土地改良区に溜池の利用と管理を委託する体制がしばらく続いた。1980 年になって、この規程を適用する初の事例として、りんどう湖こと江戸川用水温水溜池が江戸川用水土地改良区に譲渡されたのである。

いずれにせよ溜池を利用し管理するのは土地改良区であった。土地改良区（組合）は那須興業（事業者）に対し、溜池の水面利用を認めるとともに周辺の土地を賃貸した。こうしたスキームのもとで、組合と業者との間になんらの問題も生じなかったわけではない。たとえば、初期には土地改良区組合員が用務のために溜池に立ち入る際にも那須興業側が入場料を請求するという事案が発生し、のちに組合員には施設の無料パスが発行されるようになった。もっとも、これは単なる相互の連絡不足にすぎなかったともいえる。

組合と業者との間でより一層の調整が必要だったのは、水の利用に関する事柄であった（有田、1991）。その一つが、水位低下の問題である。組合側は農作業の関係上、特定季節に集中して灌漑水を利用するため、溜池の水位は特定の時期に急激に低下する。しかし、事業者にしてみれば水位低下は景観劣化につながるうえに、ボート営業など水面を利用する事業が制約される。もちろん、こうしたことは当初より予見されており、契約では農業利用が優先されることと定められていた。しかし、たとえば 1987 年の渇水時には平常 3m の水深が

1mにまで低下したとされ、さすがに事業者側は困惑したことであろう。

　このほかには、水質汚濁の問題があった。「りんどう湖ファミリー牧場」からの排水については浄化槽による処理がなされていたため問題化しなかったが、同施設による、池で鯉を育てて観光客に餌やりをさせるアトラクションで問題が生じた。あまりに好評となった結果、灌漑水の有機物が過剰になり、アオコが大量発生して農業利用に支障をきたすようになったのである。この問題は、事業者側の譲歩で養鯉が停止されて解決した。

　このように、溜池の利用に関しては組合側すなわち農業の利益が優先された。とくに後者の事例は事業者側の受忍によるところが大きかった。このような事業者側の態度の背後には、前項で述べたような地域社会のネットワークの存在があったと想像される。事業者である那須興業は、当初より県や土地改良区との密接な交渉を持ちながら溜池の観光利用に関する権利を得た。そのことは、組合に対する一定の譲歩を受け入れざるを得ないことと表裏一体であったのかもしれない。このような関係をムラ社会的な結びつきと呼ぶこともあるいは可能なのかもしれないが、ポジティブに表現するならば両者が密に連絡をとりあい信頼関係を構築していたともいえる。

　こうした関係の特徴をよく表していたのが、組合と事業者との間で交わされた契約であった。有田博之によれば、契約の中には施設の維持管理や事故発生時の処理に関して両者が「協議」するという表現が多くみられたという（有田、1991）。なかでも事業者のもつ地上権を第三者へ無断で譲渡しないという条項は注目に値するものであった。こうした内容の契約は法的には無効とされており、いわば紳士協定に過ぎなかったのであるが、あえて明記されたのである。

　一方で、相互の信頼に基づく関係は、決して一片の契約書があるからといって安定するものではない。地上権についていえば、例えば経営破綻などで権利が他者に移ったり、買収による経営権の移行などで組織の意思が翻ったりすることもあり得るのであり、紳士協定が永遠に守られる保証はどこにもないのである。だからといって、そうした契約には意味がないとか、こうした関係が脆弱であるとかいって批判することも、妥当とはいえないであろう。りんどう湖における農業利用と観光開発の両立は、複数の利害関係者が絡む事業を持続させるうえで最終的に重要なものが、相互の信頼であることを示している。

2. 那須開発の歴史

那須の農業開拓

「那須」という言葉が示す範囲はあいまいとしていて定まっていないが、1878年の郡区町村編制法に基づき設定された那須郡の範囲がひとつの目安となる。ただ、主な観光地は明治期の那須郡のうち東北自動車道や東北新幹線、あるいは奥州街道や東北本線（どれも並行している）が走る低地の北西にひろがる、高原や山地に分布している。観光客が「那須」へ行くという場合は、この範囲を指し示すといってよい。

「那須野ヶ原」（那須野が原）という言葉もある。栃木県WEBサイト（「那須野ヶ原とは」）によれば、それは広義には「箒川以北、福島県境までの山地を除いた地域」であって、上段で述べた観光客にとっての「那須」のうち険しい山地を除いた部分である。ただ「那須野ヶ原」には狭義の意味もあって、それはこのうち南半分の箒川と那珂川に挟まれた地域とを指すという（地図9-2）。

さらに「那須高原」という言葉もある。これは大雑把にいって広義の「那須野ヶ原」の北半分、つまり那珂川左岸を指す。だから、那須高原は広義の那須野ヶ原の一部であり、狭義の那須野ヶ原に接する地域ということになる。なお、「那須高原」の愛称は、箭内の回想によれば終戦直後に那須町内八幡温泉の五十嵐秀哉という人物が「那須温泉」に代わる名称として考案したという。しかし「那須高原」を名のる「りんどう湖」は「那須温泉」からは少しはずれたところに位置しており、「那須高原」は「那須温泉」よりもやや広い範囲を指すといってよいだろう。

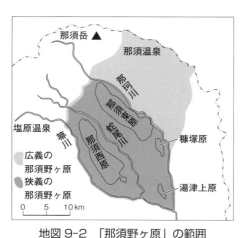

地図9-2 「那須野ヶ原」の範囲

出典：栃木県国会等移転促進県民会議WEBサイト掲載の地図を加工

140

狭義の那須野ヶ原に広がっていた原野は、明治初期に禄を失った士族に生計を立てさせる「士族授産」のための開墾地として有力視されたが、農耕に適さないとして実現しなかった。栃木県は鍋島幹という県令のもと県営那須牧場を運営したが、これも短期で民間に払い下げられた。民間といっても、薩摩出身の藩閥官僚で東北各県の県令を務め、のちに栃木県令にもなった三島通庸（1835-88）らの結社であり、政府との関係が強い人々であった。

　三島らは1880年に牧場経営を開始したが、この時期には同じように官有地の貸し下げを通じて、印南丈作や矢板武といった地元有力者および、大山巌や西郷従道といった薩摩藩出身の政府有力者らによる開拓が本格化した。1886年に日本鉄道が黒磯まで開業すると交通の便もよくなり、1887年以降は松方や三島などによる土地の集積と牧場経営が進んだ。これらの開拓では当初、西洋式大農場経営が目指されたが、そののち牧畜は衰退し、林業、畑作、稲作が一般的になった（以上、椿、1992）。

　那須で酪農が再び展開したのは、第二次世界大戦後のことであった。終戦にともなう「外地」からの引揚や復員によって、およそ600万人が「本土」に流入した。この人々の職と食を確保するために採られた様々な対応のひとつが、農地の開拓（開墾・干拓など）であった。政府は1945年に「緊急開拓事業実施要領」を閣議決定し、全国各地でこうした人々の新しい集落が形成されることとなった。その一つが、那須だったのである。

　もっとも、那須は地質や水利の点で戦前から耕作不適地とされていた。明治前期に牧場経営が試みられたのも、そうした理由からであった。そこで戦後の開拓においては酪農経営が想定され、かつての部落共有地と軍馬放牧地が開拓用地に充てられたのである。こうして確保された土地に他県出身の満洲開拓引揚者が入植していった（安藤、2001）。

　1947年から1949年までは完全共同経営方式が採られ、入植者は共同住宅に入居した。労働も共同であった。その後、1950年から翌年にかけて電化が行われるとともに、妻帯者については共同耕作が解消した。1955年以降は機械耕耘が進展し酪農が普及していった。また、1950年代末以降は、耕地の再配分と農家移転も生じた。1960年代以降、酪農はますます発展し大規模化・多頭化が進んでいった（菊地、1982）。

政策面では、1957年に開拓営農振興臨時措置法が制定され、1960年には開拓営農振興審議会が設置されたように開拓営農を後押しする制度が整備されていった。しかし1963年策定の第二次振興計画においては復員・引揚者のための政策という意味合いが後景に退き、一般の農業振興策へと転換が図られた。そして、開拓農協も順次一般農協へと統合されていった。1975年には、戦後開拓事業の修了が宣言された（安藤、2001）。

那須の観光開発

　ここでは、田林明らの研究に依りつつ（田林ほか、2008）、適宜他の文献にもあたりながら、那須の観光開発の歴史をみていく。

　明治前期に牧場の建設が進んだ狭義の那須野ヶ原では、そのオーナーであった華族らの別荘が建つようになった。松方正義の別邸はいまも残されているほか、三島通庸の別荘が1904年から1946年まで皇室の御用邸となったのち、現在は移築のうえ保存されている。広義の那須野ヶ原の北半分、すなわち那須高原の開発は、20世紀に入ってから本格化した。1926年に那須御用邸が建てられたことは、この地が保養地として良好な条件を備えていることを示していた。また、「那須十一湯」とよばれる温泉が湯治客を惹きつけるようにもなった。1935年には那須ゴルフ倶楽部が開業している（コースは翌年開業）。箭内源典によれば、那須ゴルフ倶楽部に対しては箭内家も土地を貸していたという。

　第二次世界大戦中の戦時ツーリズムにも、那須は関係する。第5章でふれた戦時の「青年徒歩旅行」において、那須は「忠臣偉人郷土開発者遺跡コース」に組み込まれていた。立ち寄り場所は、現大田原市にある陸軍金丸飛行場、4世紀に創立されたと伝わる那須神社、そして1889年に創建された三島神社と1916年に創立された乃木神社である。三島神社は開拓に尽力した三島通庸を、乃木神社は日露戦争の功労者で那須に別邸を構えた乃木希典と夫人をそれぞれ祀った、比較的新しい神社である。当時は東北本線の西那須野駅から東野鉄道という私鉄が分岐しており、交通の便は悪くなかった。

　第二次世界大戦後の1950年、日光国立公園（1934年指定）に那須甲子・塩原地域が追加された。国立公園指定は豊かな自然を資源にして観光客を呼び込む効果がある反面、地区内の開発は厳しく制限される。那須地区は塩原など他

の地区と連坦しておらず、いわば飛び地のように範囲が指定されたが、その理由はわからない。しかしこのように国立公園の範囲が限定されたことは、裏を返せばその範囲外に観光施設が多数建設されることにつながった。なお、「りんどう湖」も国立公園地区の外である。

　高度成長期にはいると、「那須高原」では観光開発が進んだ。まず1960年、国設で那須町営の那須岳スキー場が開業した（2022年閉鎖）。ついで1962年には東野鉄道が那須ロープウェイを開業している（地図9-1）。1965年にはこうした山奥の施設へアプローチする那須高原有料道路が開業し、「ボルケーノハイウェイ」という愛称が付された（2009年無料化）。これは箭内源典が命名したという。

　1965年に開業した「那須りんどう湖ファミリー牧場」では溜池にボートを浮かべるとともに周辺に観光牧場をつくり、馬や羊、牛を飼育した。やがて鹿や猿、その他小動物なども加わったが、珍しいものとしては、熊や毛皮用のミンクもいたという。「牧場」と銘打ってはいたが開業間もない時期からバッティングセンターを設けるなど遊技場の要素を取り入れ、のちには遊園地のようなアトラクションを増やしていった。また野外ステージも設置し、1970年代にはアグネス・チャン（1972年デビュー）、山口百恵、石川さゆり（ともに1973年デビュー）といった歌手を招いたりもした。個人客のみならず、バスで移動する団体客を相手にバーベキューなどの昼食を提供し、ついでに施設内を見物してもらうという手法で入園客を増やしたという（OBの川崎庚生氏、瀧澤三郎氏への聞き取りによる）。

　この頃から、那須には地域外の資本が積極的に進出するようになった。1968年には福島交通がホテルと遊園地を併設した「那須ロイヤルセンター」を開設した。当時の福島交通は小針暦二（1914-93）という事業家が経営の実権を握ったばかりであった。のちの新聞報道によれば（「巨利生んだ那須国有林　『入手に政治家介在』　当時の営林局長ら認める　国会答弁とは違い」『朝日新聞』1983年3月26日）、小針はその数年前から那須に目をつけていた。将来有望とにらんだ那須の国有地を手に入れるため、新潟県で格安の土地を入手し、それと交換する形でこれを実現したのである。自社施設である那須ロイヤルセンターの用地以外はすぐにディベロッパーに売却したが、その価格は入手額の50倍であっ

たとされる。この取引を実現させるために林野庁や営林局長に働きかけたのが自民党の有力政治家であった河野一郎で、小針は河野と懇意であったという。この出来事は当時から様々な疑惑を招いたが、小針にとっては事業家として飛躍するきっかけとなった。

　小針から土地を手に入れたディベロッパーは藤和不動産といい、1957年に藤田興業から独立した不動産業者であった。同社は1968年、遊園地である「那須ハイランドパーク」を開設した。その藤和不動産は、こののち那須でホテルや別荘などの開発を進めた。また、平和観光開発や相模鉄道といった企業も別荘開発に参入したほか、ペンションなども相次いで開業した。こうした施設の一部は国立公園地区内にも造成された。

　1980年には、熊久保勅夫（1931-2012）という事業家の手により那須サファリパークが開業した。熊久保は栃木県の黒磯出身で、青年期より様々な事業で成功と失敗を繰り返してきた（熊久保、1993）。福島県でサファリパークの経営に成功した経験を活かして那須に進出したが、一面でアウトロー的なところのある経営者で、施設で事故が発生した際には事故防止の体制が業界の一般的な水準に照らして不備であると批判を受けたこともあった。

　小針にせよ藤和不動産にせよ熊久保にせよ、戦後の経済成長著しい時期に那須高原の観光開発に参入したのは、これからビジネスを立ち上げていこうという新進の事業家や企業であった。「りんどう湖ファミリー牧場」を立ち上げた箭内は地元の企業家であったが、しかしその箭内も他県に積極的に進出を図っていた。こうした雰囲気のなかで、大衆的なレジャー施設が集積する、ともするとやや雑多ともいえる雰囲気がつくられていったのである。

　これを支えたのが、1980年代なかばの、のちに「バブル経済」と呼ばれる好景気であった。

3. バブル経済と那須

バブル経済とリゾート法

1987年、総合保養地域整備法、通称「リゾート法」が制定された。その目

的は「良好な自然条件を有する土地を含む相当規模の地域である等の要件を備えた地域について、国民が余暇等を利用して滞在しつつ行うスポーツ、レクリエーション、教養文化活動、休養、集会等の多様な活動に資するための総合的な機能の整備を民間事業者の能力の活用に重点を置きつつ促進する措置を講ずることにより、ゆとりのある国民生活のための利便の増進並びに当該地域及びその周辺の地域の振興を図り、もつて国民の福祉の向上並びに国土及び国民経済の均衡ある発展に寄与すること」（同法第一条）とされた。

このなかで注目すべきは「民間事業者の能力の活用」という文言であろう。一般に「小さな政府」すなわち政府部門の縮小が好ましいこととされていた1980年代らしい表現である。リゾート法の実際の運用の仕組みは、まず各都道府県が整備地域や計画施設を示した基本構想を策定し、国がこれを承認すると税制や金融面等の優遇措置が得られるというものであった。大規模な開発が行われその経営が好調であれば、地方自治体の財政も潤う。「小さな政府」を目指して国から自治体への交付金が減らされようとしていくなか、魅力的な制度と捉えた自治体関係者は多かったに違いない。こんにちのように外国からの観光客がそれほど多くなかったので、この政策のターゲットとなる旅行者は国内の日本人であった。それは、アメリカとの貿易摩擦に悩まされた日本が採らざるを得なかった「内需拡大」政策にも合致していた。

しかし、「民間」の前景化とは裏腹に、各都道府県の担当者は適地とみれば国立公園内であろうがお構いなしに土地所有者から買収を進め、次にはそこに進出する民間事業者に頼み込んで計画を作成し、国に申請するという事態が続出した（自然環境保全技術者OB会事務局、2022）。当時の日本は、のちに「バブル経済」と呼ばれることになる好景気に沸いていたから、不動産価格は上昇しつづけると考えられていた。極端に言えば、真面目に事業に取り組む意思がなくても開発した物件を転売すれば利益が出ると期待されていたのである。見込みの甘い、ずさんな計画がまぎれこむ結果になったし、真面目に計画したものであっても1990年代初頭の「バブル崩壊」のために所期の利益を確保することができず、経営破綻に至った施設が少なくなかった。

栃木県の開発構想と那須のその後

　リゾート法の制定をうけて栃木県が策定したのが、「日光・那須リゾートライン構想」（1988年）であった。総面積は1万7000haで、栃木県の北西部を「特定地域」とし、その中に8か所の「重点整備地区」が設定された（地図9-3）。それらのうち那須に含まれたのは、「那須プレリー」、「那須Hot Spa」、「アグリ・タウン黒磯」の3地区であった。

　那須プレリー地区は福島県境に近い那須岳のなかに位置し、牧場、宿泊・スポーツ施設、ロープウェイ、グラススキーおよびスキー場などを配置することとされた。この構想をうけて、1994年に第三セクターによるスキー場「マウントジーンズ那須」、1998年に動物園「那須どうぶつ王国」が開業している（その後、経営主体は移った）。那須Hot Spa地区は、従前の温泉場であった那

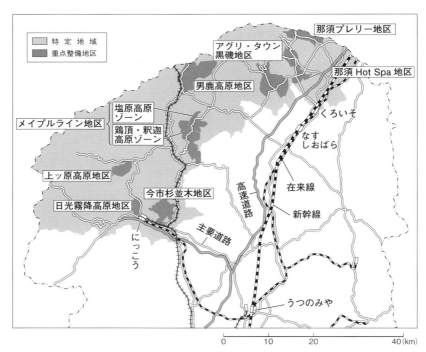

地図9-3　リゾート法による「日光・那須リゾートライン」の対象地域

出典：『"日光・那須リゾートライン構想" 関係図面』栃木県（所蔵：栃木県立図書館）を加工。

須湯本地区にほぼ重なり、クアハウスやリゾートホテル、ゴルフ場、博物館などの設置が構想され、1990年代以降に温泉ホテルの拡張や会員制リゾート施設の新設などが進められた。アグリ・タウン黒磯地区は、「牧歌的風景を活かしたカントリーライフリゾート」が謳われたが、目立った大規模開発は特に行われなかった。

　1991-92年にかけて発生した「バブル崩壊」は、全国のリゾート法に関連した開発に冷や水を浴びせた。計画中だった施設は規模を縮小するものが多かった。完成した施設も多くは営業成績が振るわず赤字が続き、売却されて経営主体が変転する事例も続出した。

　那須町の入込観光客数を示す図9-3をみると、バブル崩壊直後（1993年）の落ち込みはそれほど激しくなく、1990年代半ばまでは増加傾向であった。前年に山一證券や北海道拓殖銀行が破綻し「景気の二番底」と言われた1998年の落ち込みがやや激しく、翌年回復したものの、その後は21世紀初頭にかけて減少が続き、2000年代半ばに横ばいを保つようになった。それでも、バブ

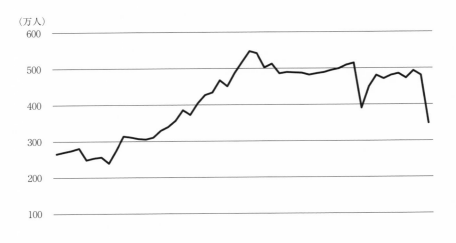

図9-3　1980年代以降の那須町における観光客の入込

出典：那須町統計　各年度版

ル期の 1980 年代後半を上回る観光客を受け入れることができたのは、なんと
いっても東京に近いという立地上の優位性が大きかった。

　もっとも、そのことは個別の施設の経営が順調であったことを必ずしも意味
しない。たとえば 1960 年に開業した町営那須岳スキー場（1996 年に那須温泉
ファミリースキー場と改称）は、2022 年に閉鎖された。福島交通、というより
小針が営んでいた那須ロイヤルセンターは、1999 年に母体である福島交通の
関連企業が経営破綻したことを受け、2000 年に閉鎖された。別荘や那須ハイ
ランドパークを手掛けていた藤和不動産は、2008 年の「リーマンショック」
と言われる不況で経営危機に陥り、翌年三菱地所の子会社となって、のちにグ
ループ他社との合併により三菱地所レジデンスとなった。那須ハイランドパー
クの運営主体であった藤和那須リゾートもいったんは三菱地所グループに入っ
たが、2016 年に不動産会社の日本駐車場開発傘下に移った。りんどう湖ファ
ミリー牧場は、親会社の日本ビューホテルが 2019 年に不動産会社のヒュー
リック傘下にはいったことで経営から切り離され、同じく日本駐車場開発の傘
下に入った。

　この原稿を書いている最中、「マウントジーンズ那須」が 2024 年シーズン
（2024 年春）かぎりで閉鎖するとの報道に接した。同施設はもともと那須町の
出資する第三セクター企業が運営していたが、2005 年と 2006 年に運営主体が
あいついで変更された結果、東急不動産の傘下に入った。スキー場そのものは
人気を博していたが、雪の量が少なくなったのが原因だそうである。

　いま述べた那須の観光施設は、21 世紀に入っても健闘を続けたが、親会社
の経営動向や方針にしたがって閉鎖されたり所属する系列を変えたりした。日
本全国を見渡せば、そのような事態によって広大な土地が突然荒地になったり
多くの人が失業したりするといったこともあった。企業の経営が行きづまり施
設が閉鎖されるのは資本主義のもとでは驚くことではないのかもしれないが、
そうしたことが施設の運営に直接携わる当事者たちとは無関係なところで、た
とえば運営会社の株式を保有する機関投資家などの動向に左右されて引き起こ
されるのであれば、看過し得ない問題であろう。気候変動が事業の継続を困難
にしたのも、ショッキングな事案である。

　バブル崩壊以後の日本については「失われた〇〇年」などと一括して表現さ

れることが多いが、さまざまなケースの実態をより細やかに見て本質をつかむ必要があるのではないだろうか。

参考文献・史料

菊地俊夫「那須山麓戦後開拓地における酪農発展と空間パターンの形成」『地理学評論』
　　55巻6号、1982年

箭内源典『逆風（かぜ）に立つ——常識を破り続けた私の経営』経済界、1986年

高橋英雄「日光・那須リゾートライン——余暇新時代 TOCHIGI21」『運輸と経済』49巻
　　9号、1989年

永井護・野倉淳「リゾート法整備以後のリゾート開発の動向——栃木県の事例」『土木計
　　画学・講演集13』1990年

有田博之「農業用溜池の観光利用と契約」『農業土木学会誌』59巻5号、1991年

椿真智子「那須野ヶ原における近代開拓事業の展開構造」『東京学芸大学紀要　3部門』
　　44号、1992年

熊久保勅夫『俺の人生三百年』市井社、1993年

安藤哲「戦後開拓と農業基盤の形成」『那須大学都市経済研究年報』1号、2001年

田林明・淡野寧彦・横山貴史・吉田国光「那須地域における農村空間の商品化による観光
　　発展の可能性」『地理空間』1巻2号、2008年

自然環境保全技術者OB会事務局『自然環境行政五十年史』同、2022年

那須りんどう湖ファミリー牧場勤務経験者の川崎庚生氏・瀧澤三郎氏への聞きとり（2023
　　年8月10日実施）

「巨利生んだ那須国有林　『入手に政治家介在』　当時の営林局長ら認める　国会答弁とは
　　違い」『朝日新聞』1983年3月26日

「那須ヶ原とは」栃木県国会等移転促進県民会議WEBサイト

第 10 章

比叡山へのドライブウェイ

1. 比叡山ドライブウェイの建設

ドライブウェイとは

「ドライブウェイ」とは一般に観光地などに設けられた有料の自動車道のことを指し、多くは道路運送法という法律の定める「自動車道」に該当する。同じ有料道路であっても、いわゆる高速道路（都市間高速や都市高速）は道路法という法律に基づいており、それらはドライブウェイとは呼ばれない。道路運送法上の自動車道とは、「専ら自動車の交通の用に供することを目的として設けられた道で道路法による道路以外のもの」をいい、「一般自動車道」と「専用自動車道」とに区分される（第2条）。

一般自動車道とは通常、通行料金を払えば誰でも利用できるものを指す。ただし、東京都中央区に 2km だけ存在する東京高速道路株式会社の道路のように、道路下の店舗賃貸で収益を得るので通行料金を徴収しない事例もある。この道路は両端を首都高速道路（首都高）に挟まれており、機能としては首都高と一体化していて利用者もふつうは意識しないが、制度上は別の道路である。首都高は道路法に基づく道路であり、道路運送法による道路とは範疇が異なる。

次に、専用自動車道とはバス事業者などが自社のバスを走らせるために整備した道路を指す。近年ではたとえば東日本大震災で被災した気仙沼線などの鉄道線路用地を、列車ではなく「BRT」と呼ぶバス専用道路として整備した区

151

間などがこれに該当する。

国土交通省によれば、道路運送法による一般自動車道は2023年11月1日現在で30路線あり、事業者数は26である。また、ドライブウェイの業界団体である一般社団法人日本観光自動車道協会には、2024年4月現在で19の事業者が正会員として加盟している。21世紀に入ってからはドライブウェイの無料化が進み、地方公共団体等に譲渡されて道路法による道路へと変更される事例が増加している。今日では道路法による道路が改良により高規格化されており、あらたにドライブウェイが建設される可能性はあまり高くない。

終戦後の比叡山参拝

以下では、比叡山自動車道株式会社の社史『「道心」三十年』（比叡山自動車道株式会社、1988、以下同様）によりながら比叡山ドライブウェイを事例としてその歴史をみていこう。戦前の比叡山ではケーブルカーやロープウェイがいち早く建設され、参詣者の利用に供されていた（第2章）。戦時中も戦勝祈願などの名目で寺社参詣はしばらく盛んであったが、敗色が濃くなると資源の節約や設備転用などの目的で休廃止が行われるようになった。比叡山では、1944年に京都府側からの叡山ケーブルが休止され、ロープウェイは廃止された。1945年には滋賀県側からのアプローチである坂本ケーブルが営業休止となり、滋賀海軍航空隊に接収された。比叡山頂は特攻基地として利用されることとなり、ケーブルカーは資材等の運搬に使われるはずであったが、終戦により山頂からの特攻出撃は行われなかった。

1946年、叡山ケーブルと坂本ケーブルは営業を再開した。休止はしても設備撤去を免れたため、早い復活が実現したのである。1949年には裳立山キャンプ場も開業した。1950年、琵琶湖一帯が「琵琶湖国定公園」に指定され、比叡山もこれに含まれた。1956年には、叡山ケーブルの山上駅付近から比叡山頂に達するロープウェイが開業した。戦中に廃止されたロープウェイとは若干ルートが異なったものの、京都府側から比叡山頂へアプローチすることが再び容易になった。

しかし、この頃になると戦前の交通機関を復活させるのみでは不十分であるという認識が生まれつつあった。問題のひとつは、輸送力不足であった。ケー

ブルカーのみでは、たとえば修学旅行生の一団を山上に運ぶだけでも1時間以上を要したというのである（21頁）。当時の坂本ケーブルの車輌1両あたりの定員は100名で（「車輌設計変更の件」『鉄道省文書』）、全線の所要時間は11分であった。乗降に要する時間を加えて仮に15分ごとに発車させるとしても、1時間で400名を運ぶのが精いっぱいである。学校生徒の団体であれば運びきれない場合もあったであろう。なお、坂本ケーブルの車輌は当時の日本では最大規模であり、京都府側の叡山ケーブルはさらに輸送力が小さかった。

　このような事情は、延暦寺への参拝客数が制約されることを意味した。当時の参拝客数は「せいぜい年間40万人」で（50-60万人と推定する文献もある）、「雨の日ともなれば……殆んど参拝者の姿を見ない」（19頁）という状況であった。1日平均で1100人たらずであるから、日によってはほとんど参拝者が来ないというのも、あながち間違いではなかった。いたずらに参拝客数を増やせばよいというわけではなかったにせよ、延暦寺にとって嬉しい事態とは必ずしも言えなかったであろう。

比叡山への道路計画

　こうした事態を打開するための動きが、交通事業者の側から起こった。1952年頃、坂本ケーブルを運行する比叡山鉄道は、比叡山へのバス路線を開設する構想を株主総会に提案した。これに対して延暦寺側は当初、必ずしも好意的な態度を示さなかったらしい。「道義的に事前に一言の話があって然るべき」（27頁）というのが理由であった。比叡山鉄道側が延暦寺に対して事前の相談なくバス路線の開設を検討し、話がこじれてしまったようなのである。

　次の動きは1953年であった。京阪電気鉄道（京阪電鉄）が比叡山にドライブウェイを計画し、村岡四郎社長ら経営陣が延暦寺に打診したのである。一方、翌1954年には京都府・滋賀県・京都市・大津市・京都商工会議所・大津商工会議所の6者が道路を計画した。これに関しては、延暦寺側にふたつの述懐が伝わっている。すなわち、「延暦寺当局には全く何等の通知もなかった」というものと、「意向打診の申し入れがあった」というものとである（24、27頁）。このあたりの事情は立場や受け止め方によっても異なるであろうから、どちらが正しいとは簡単には言えない。

1955 年、両者の計画を合同して京阪電鉄を中心に新会社を設立することが決定された。延暦寺の側ではこの計画を受け入れるかどうかをめぐって意見が二分したが、1955 年 9 月に「一山住職会議」で計画の受け入れと 2 万 8000 坪（のち 3 万 7877 坪）の用地賃貸を決定した（51 頁）。借地料は地価の 6% で、ほかに「志納金」も納入させることとした。こうして 1958 年に比叡山自動車道株式会社が設立され、京阪電鉄が 16 万株のうち 10 万株を引き受けた。1958年 4 月には比叡山ドライブウェイが開業した（地図 10-1）。京阪バス、京都市営バス、京都バスが京都 – 延暦寺 – 比叡山頂（四明岳）の路線を開業し、大津 – 比叡山間の路線や定期観光バスも運行されるようになった。

　ドライブウェイの建設が決定したのち、延暦寺は社団法人全日本観光連盟（現在の公益社団法人日本観光振興協会の前身）に要請して「綜合観光開発計画」を策定した（卯田、2021）。要請を受けた連盟は、東京大学の林学関係者らに依頼して調査と計画立案を行った（加藤・前野、1958）。計画は寺有地 1700 町歩とそれ以外を合わせた 1760 町歩を対象とし、全体を①風致維持・聖域環境保全を主眼とする保全地域、②史跡保存・宗教活動のための宗教地域、③一般観光客に開放する観光地域、④生産活動（林業）を主とする生産地域、に分けた。そして、将来的には年間 200 万人が訪れるようになることを前提に、施設の配置を決めたのである。

　山麓から伸びてきたドライブウェイが西尊院で分岐して四明岳方面と根本中堂方面とに分かれ、これらの終点に駐車場を設けるというプランは、ここで決定した（地図 10-1）。また、1956 年に焼失した大講堂を集会場的な施設として再建したり、700-800 人規模の「国民宿舎的性格」をもった宿院を設けたりすることも盛り込まれていた。実際には大講堂は山麓の坂本から 17 世紀に建てられた讃仏堂を移築して再建されることになるが（1964 年）、「宗教活動の動線と観光活動の動線を、できるだけ分離し、又基幹動線たる幹線自動車道路系統を確立して、観光客の流れを淀みなく処理する」（加藤・前野、1958、20 頁）という基本的な方針に沿って山頂の整備が進められたことには変わりなかった。

　これによって生じた参詣客の変化については後段で述べることとして、ここでは延暦寺の側に生じた重大な変化を指摘しておきたい。それは、寺院の組織運営上の中枢というべき事務所が、比叡山の麓の滋賀院門跡から山上に移った

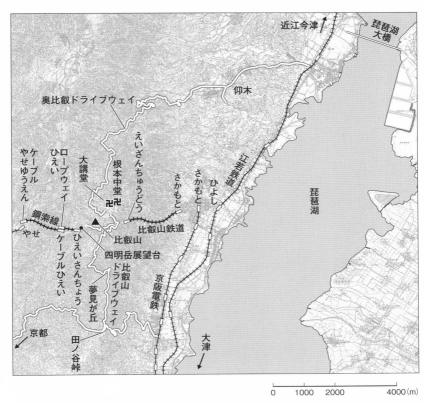

地図 10-1　比叡山周辺の主要交通路（1970 年代はじめ）

出典：国土地理院 2 万 5000 分の 1 地形図「大原」（1970 年 4 月）、「草津」「京都東北部」（1971 年 1 月）、
「堅田」（1971 年 2 月）を加工

ことである。これは、「自動車時代に適応するため」という理由から、当時比
叡山副執行であった叡南祖賢（のち執行）の決断で 1960 年 3 月に実行された。
1571 年の信長による焼き討ちののち、延暦寺の事務機能の中枢は本坊（総里
坊）たる滋賀院門跡に移ったのであるが、それが自動車道路の開通によって再
び山上に戻ったのである。形式上の本坊は滋賀院に置かれたままとされたが、
「鳥が飛び立つように、机や書類が運ばれた」（比叡山自動車道株式会社、1988、
37 頁）ことは日本仏教史上特筆すべき出来事であった。

ドライブをめぐる表象

比叡山ドライブウェイが開通した頃の述懐として、先述した比叡山自動車道の社史『「道心」三十年』のなかに次のようなものがある（36頁）。

自動車道が開通して最初に驚いたのは、参拝客の服装である。比叡山まいりはズック靴というのが大半であったころ、流行し始めたショートパンツにハイヒールが大挙して根本中堂に現われたのである。老僧たちが目を丸くしたのも当然であろう

この社史は1988年に刊行されたものであるが、興味を惹くのは参拝客層の変化の表象として軽装の（そしておそらく若年の）女性が取り上げられていることである。そして彼女たちの服装は老僧たちが驚き呆れるものとして描写され、決して敬神崇仏の念が深い知的な人間像を結ばないようになっている。増加した参拝者には色々な人がいたに違いないのであるが、特定の側面がクローズアップされて高度成長期の世相の象徴として定型化され、いかにもありそうな話として読者が受け止めるように語られているのである。

ところで、いまの記述を読んであなたがイメージした女性参拝者は、一人旅だっただろうか、それとも女性同士の二人づれ、あるいは少人数だっただろうか。あるいは男性を伴っていただろうか。はたまた家族づれ、あるいは大人数の団体のひとりだっただろうか。女性が一人あるいは少人数で旅行するというのは、1970年代に国鉄が「ディスカバー・ジャパン」キャンペーンを展開したことで一般化したといわれている。それが事実であるならば、比叡山ドライブウェイが開業した1950年代末から60年代の初頭はどうであったのだろうか。

ここで図10-1に引用するパンフレット図像をご覧いただきたい。このパンフレットが発行された正確な年代は不明だが、裏面の地図に1959年に開業した比叡山国際観光ホテルが記載されている一方で、1966年に開通した奥比叡ドライブウェイは記載されていないことから、1960年代前半のものと考えられる。表面にフルカラーで印刷された写真の背景には、晴れ渡る空と琵琶湖が写っており、このドライブウェイの魅力を存分に伝えている。写真の主題は、左ハンドルでオープンカーのアメリカ車を運転する男性（よく見るとサングラ

図 10-1　高度成長期におけるドライブのイメージ①

出典：〔パンフレット〕「比叡山ドライブウェイ」（推定、1960年代前半）

スをかけている）が、二人の舞妓を後部座席に乗せている図像である。車を停
車させて撮影したのか合成写真なのか筆者にはわからないが、実際にこのよう
な自動車を走行させたまま撮影したわけでないのは確かである。

　この図像に表象されているマッチョな価値観については、多言を要さないで
あろう。もちろん、一般的な普通の日本人がこのような場面の構成要素たり得
たわけでないことは、現在の私たちだけでなく当時の人々もわかりきっていた。
しかしそれでも、これは当時の日本社会において理想とされた価値観やその表
現の極限的な形態だったのである。ある時代の先端的な生活を描いたテレビド
ラマや映画の画面が、その社会の実態そのものではないにもかかわらずある種

ダイナミックな
最色がたのしい **伊吹山ドライブウェイ**

図10-2　高度成長期におけるドライブのイメージ②
出典：〔パンフレット〕「伊吹山ドライブウェイ」（発行年不詳）

の理想形を示しているのと同じである。

　類似のモチーフは、図10-2に引用する伊吹山ドライブウェイ（1964-65年開業）のパンフレットにもみられる。オープンカー（自動車に乗る人物を見せるために不可欠）、サングラスの男性、後部座席の二人の（若い）女性、という要素は、先ほどの例とまったく同じである。右ハンドル車なのは、外国車に対する対抗心からではなくて構図の都合であろう。1960年代における「ドライブ」は、こうした価値観を根底にもっていた。それがいつまで続いたのか、あるいは今も続いているのかは、考えてみてよいだろう。

　実際の様子はどのようなものであったのだろうか。1964年の比叡山ドライブウェイにおける来訪者の利用交通機関別の割合を示す表10-1によれば、圧倒的多数は貸切観光バスで訪れており、平日は路線バスがそれに次いでいた。自家用車の利用は、日曜日に限れば路線バスを上回っており、休日はマイカー

表 10-1　比叡山ドライブウェイにお
　　　　ける来訪者の利用交通機関

（単位：%）

	日曜	平日
京都市営バス	6.5	11.6
京阪バス	7.2	17.0
京都バス	3.3	1.1
観光バス	53.3	53.9
叡山ケーブル	2.2	1.9
坂本ケーブル	6.3	3.1
自家用車	14.1	7.0
タクシー・ハイヤー	3.9	3.2
二輪車	0.4	0.2
その他	2.8	1.1

出典：社団法人京都市観光協会『大原方面・比叡
　　　山・東山ドライブウェー観光客実態調査報告書』
　　　1964 年

表 10-2　来訪者の属性

（単位：%）

		日曜	平日
個人		37.2	41.6
団体		62.8	58.4
	職場	31.3	19.5
	学校	4.1	22.3
	地域団体	7.6	1.6
	宗教団体	3.5	0.4
	旅行団体	3.3	1.6
	招待団体	0.2	0.2
	その他	12.8	12.7
計		100.0	100.0

出典：『大原方面・比叡山・東山ドライブウェー観
　　　光客実態調査報告書』30 頁

図 10-3　四明岳駐車場に密集するバス

出典：〔パンフレット〕「比叡山ドライブウェイ」（図 10-1 に同じ）

でドライブを楽しむ人が一定数いたことを示しているが、それでも半数以上の
人々は観光バスで訪れていた。そして来訪者の属性を見ると（表 10-2）、6 割
以上は団体で、その半数は職場の旅行であった。学校団体はわずか 4% 強に過
ぎない。個人は約 4 割で、その半分以上は路線バスを利用していたものと考え
られる。図 10-3 に引用するような、駐車場にバスが多数停まっている光景が、
比叡山のリアルであったことになる。

2. ドライブウェイ開通後の比叡山観光

観光施設の充実

　ドライブウェイが開業すると、道路沿線に遊覧施設やホテルなどが立地するようになった。1959 年、山頂の四明岳に比叡山頂遊園地が開園した（京阪電気鉄道株式会社、2011）。ここに設けられた「回転展望閣」は、モダニズム建築家の村野藤吾（1891-1984）による設計であった。さらに同じ年には、沿道の滋賀県と京都府の境界付近に比叡山国際観光ホテルが開業した。戦前においても比叡山にはケーブルカーやロープウェイとともにホテルや遊園地が整備されていたが、戦争のために営業をとりやめていた。そうした施設が、戦後はドライブウェイと一体で整備されたのである。

　1960 年には夢見が丘駐車場に琵琶湖を見下ろせる休憩所と売店が設置された。さらに 1964 年には、山頂遊園地に隣接して比叡山人工スキー場が開業し、リフトも設けられた。実は、先に触れた「綜合観光開発計画」の調査と立案にあたった加藤と前野は、こうした山頂（四明岳）の遊園地を「都会的色彩の強い慰楽施設をもち込む必要はない」として否定的にとらえていた（加藤・前野、1958、20 頁）。ただ、ここは延暦寺の寺有地ではなく戦前以来民間企業（当時は京福電鉄）が営業していたエリアであったから、営利企業の論理が優先されたのであろう。同じ 1964 年には比叡山国際観光ホテルの別棟として和風旅館「叡山閣」が開業している（2001 年以降、建物は京都精華大学の施設）。この年、琵琶湖大橋も開通した。

　もっとも、山中の自動車道路を維持することは決して容易ではなかった。1959-61 年にこの地方を集中豪雨が襲った際には、ドライブウェイが原因で周辺地域の民家や田畑に土石流の被害をもたらした（比叡山自動車道株式会社、1988、30-31 頁）。先述の加藤と前野は、ドライブウェイの開通前からこの道路の構造について「切取・盛土が風致並びに治山上重大な影響を及ぼす」と警鐘を鳴らしていた（加藤・前野、1958、20 頁）。具体的には、風化花崗岩が主体の地帯で法面を緑化しなかったことが、土砂の流出や景観の破壊をもたらすとい

うのである。その指摘は、数年で的中したことになる。

　1966 年 5 月、比叡山のドライブウェイはさらなる拡張の画期を迎えた。延暦寺が主体となって設立した奥比叡開発株式会社が、比叡山ドライブウェイに接続する奥比叡ドライブウェイを開業したのである。山頂から北上して山麓の仰木に到達する約 12km の道路で、仰木からは琵琶湖大橋にもほど近かった。卯田卓矢の研究（卯田、2021）によれば、延暦寺は比叡山ドライブウェイの建設が決定した当初から開発計画の策定に積極的に関与し、近い将来にドライブウェイを延伸してこの道路を建設する計画を有していたという。これによって比叡山ドライブウェイを単純往復するのではなく、回遊するルートが形成されたことになる。

　奥比叡ドライブウェイにおいても、沿道には大規模な駐車場やドライブインが設けられた。これにあわせて延暦寺では大規模宿坊である延暦寺会館をオープンした。俗な表現をすればレストランとホテルを兼ねた収容人員 600 名の施設で、中学校や高校の団体旅行にも対応した（「新コース　奥比叡ドライブウェイ」『修学旅行』116 号）。延暦寺会館は 1974 年にも別棟を建設して拡張している（「延暦寺会館に別館」『毎日新聞』1974 年 8 月 19 日朝刊）。なお、奥比叡ドライブウェイの開業後も 6 割前後の車両が比叡山ドライブウェイを往復しており、残りが比叡山から奥比叡、あるいは奥比叡から比叡山の方向におおむね半数ずつ通行していた（比叡山自動車道株式会社、1988、109 頁）。

　その後も、ドライブウェイと付帯施設の充実は続いた。1968 年には砂塵の被害を軽減するためにコンクリート舗装からアスファルト舗装への転換を図ったが、それだけ通過交通量が増加したということでもあった。フィールドアスレチックや人工芝のスキーゲレンデなども整備された。

　こうして、比叡山参拝の中心は道路に移行した。対照的に、ケーブルカーの利用者数は減少した。坂本ケーブルの場合、利用客数は 1960 年に 22 万人であったのが、1965 年には 16 万人に落ち込んだ。

ドライブウェイの営業実績

　ここで、比叡山ドライブウェイの実績を簡単に見ておこう。表 10-3 は、車種別の来訪車両数である。人数では貸切バス利用者が半数以上を占めていたこ

表 10-3　比叡山ドライブウェイ車種別来訪車両数

（単位：台）

年度	路線バス	貸切バス・大型貨物車	マイクロバス	普通車・小型車	二輪車	合計
1958	9,901	21,868	——	48,955	17,269	97,993
1960	11,910	26,918	——	85,097	28,540	152,465
1962	12,092	32,931	912	131,611	26,233	203,779
1964	12,109	42,193	2,007	207,282	19,752	283,343
1966	10,140	38,846	2,577	284,933	14,899	351,395
1968	8,465	30,872	3,010	315,713	8,842	366,902
1970	7,673	25,109	2,770	444,440	11,585	491,577
1972	7,290	26,131	2,477	454,619	11,544	502,061
1974	7,853	22,787	2,646	427,686	9,131	470,103
1976	7,499	22,022	3,207	399,969	6,644	439,341
1978	7,092	20,447	4,135	397,269	6,486	435,429
1980	6,183	20,559	3,927	333,230	4,744	368,643
1982	5,661	17,970	3,419	334,181	8,675	369,906
1984	5,070	16,655	2,961	349,619	9,829	384,134
1986	4,810	14,451	2,694	362,732	11,292	395,979

出典：比叡山自動車道株式会社『「道心」三十年』1988 年、108 頁

とはすでに述べたが、台数だけをみればマイカーとおぼしき「普通車・小型車」が圧倒的多数を占め、1970 年代初頭まで急増傾向にあった。この間におけるマイカーの急速な普及が改めて印象づけられる。それから、絶対数は少ないがマイクロバスの台数は増加しており、少人数のグループに好まれたことが窺える。一方、2 輪車は開業後数年で減少に転じている。バイクでのツーリングにはあまり好まれなかったのであろう。それとともに注目すべきは、路線バスの台数が 1963 年度をピークに減少に転じ、1960 年代後半にその傾向に拍車がかかっていることである。また、実は「貸切バス・大型貨物車」の台数も 1964 年度がピークであった。全体の台数は、1973 年をピークに減少に転じた。この年の秋に第 1 次オイルショックが発生し、ガソリン価格が高騰した影響と考えられる。その後も利用台数は回復せず、1979 年の第 2 次オイルショックでもう一段下げて 40 万台を下回る結果となった。台数の回復傾向がみられるのは、バブル景気に沸いた 1980 年代半ばのことであった。

　比叡山ドライブウェイの収支はどのようであったか。図 10-4 によれば開業から 1961 年度までは総支出が総収入を上回っており、当期損益は赤字であっ

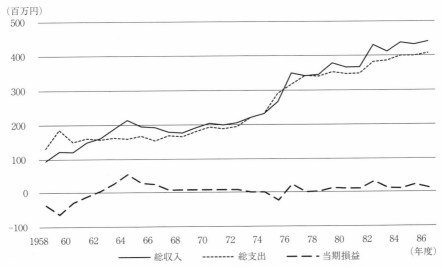

（百万円）

図 10-4　比叡山自動車道株式会社の年度別損益推移

出典：前掲『「道心」三十年』112 頁

た。ただ、これは借入金利子と前述の豪雨災害にともなう復旧費が経営の重荷
になったためであり、1962 年度からは当期利益が出るようになった。1967 年
度には累積赤字が解消し、1968 年度から 1972 年度までは年 5％ の配当も実現
している。しかし 1973 年のオイルショックで、それも途絶えた。1970 年代前
半は総支出が急増したが、通行料金の値上げによってそれをカバーした。ただ、
この時期には先に見たように通過台数が減少していたのであって、値上げがガ
ソリン価格の高騰とあいまって利用者の逸走を引き起こしたともいえる。利用
台数の減少が続く中ではあったが、1979 年度には復配を達成した。

　この間の財務構造の変化を『「道心」三十年』のわずかな記述から示したの
が、表 10-4 である。1968 年度には支払利息が収入の 3 分の 1 を占めていたの
に対し、1977 年度にはそれが 16％ まで後退した。代わって大きな割合を占め
るようになっていたのは人件費であり、35％ を超えていた。自動車道事業で
多くの人件費を要するのは、修繕であろう。メンテナンスサイクルの変遷や機
械化の進展も興味深いが、ここではこれ以上論ずることができない。

表10-4　対収入比

（単位：%）

年度	1968	1977
支払利息	33.3	16.0
修繕費	3.4	6.1
人件費	16.4	35.1

出典：前掲『「道心」三十年』77頁

バブル後の比叡山観光

　1980年代後半のいわゆるバブル期に琵琶湖一帯はリゾート開発で沸き立った。比叡山ではそうした開発ラッシュは発生しなかったが、それは高度成長期に整備された施設が少しずつ老朽化していったことを意味した。そして、バブル崩壊を経た20世紀から21世紀への転換期に、少しずつ引退の時期を迎えた。

　1959年の開業から約40年にわたり比叡山観光のフラッグシップといえる地位にあった比叡山国際観光ホテルは1998年に閉館し、建物は取り壊された。当時の新聞報道によれば末期の稼働率は4割程度で、運営会社の累積赤字は10億円に達し、親会社である京阪電鉄からの借入金を返済する見込みも立たなかったため会社は清算された。跡地には新たなホテルが建設され、1999年に「ロテル・ド・比叡」として開業した。4階建て74室から2階建て29室へとサイズダウンし、フランス風の内外装とした。運営は京阪電鉄グループに属する別の会社が担うこととなった。

　2000年には比叡山頂遊園地が閉園となり、翌年、跡地に「ガーデンミュージアム比叡」が開業した。これはモネなど印象派の画家が好んだ庭園をイメージした施設で、敷地内には1500種10万株の花卉が植えられた。村野藤吾設計の回転展望閣は残されたが、回転は取り止められた。この過程はグループ内の複雑な企業再編を伴っており、運営主体は京阪グループの京福電鉄から株式会社ガーデンミュージアム比叡（2000年設立）へ移行された。同社は2002年に比叡山自動車道に合併されたが、さらに同名の新会社が設立され、そちらに運営が委託されるようになった。2002年には隣接する人工スキー場が閉鎖された（京阪電気鉄道株式会社、2011）。

　20世紀の初頭に始まった比叡山の開発は次のように整理し得る。まず来訪者の輸送手段は、戦前にはケーブルカーとロープウェイ、戦後にはドライブウェイが主であった。「観光」施設は、延暦寺それ自体が参詣者の増加に対応して境内の整備を行ったほか、民間企業による遊園地やホテルなどの整備も進められた。こうした取り組みはおおむね両大戦間期からバブル期まで続けられ

た。

　しかし、20世紀から21世紀への転換期になると民間企業の行楽施設は控えめなものとなった。自動車の利用は多いが、「ドライブ」に対する人びとの意識は変化し、高度成長期のようなマッチョなイメージは希薄化している。ケーブルカーやロープウェイといった公共交通機関を見直す機運も高まっており、20世紀とは異なる状況となったように思われる。

参考文献・史料

加藤誠平・前野淳一郎「比叡山の綜合観光開発計画について」『造園雑誌』22-2、1958年

社団法人京都市観光協会『大原方面・比叡山・東山ドライブウェー観光客実態調査報告書』1964年

「新コース　奥比叡ドライブウェイ」『修学旅行』116号、48頁、1966年

比叡山自動車道株式会社『「道心」三十年』1988年

京阪電気鉄道株式会社『京阪100年のあゆみ』2011年

卯田卓矢「戦後の比叡山における自動車道建設と『比叡山綜合施設計画』」『交通史研究』98号、2021年

運輸省文書「車輌設計変更の件」『鉄道免許・比叡山鉄道・昭和4～24年』国立公文書館蔵、平12運輸01097100

〔パンフレット〕「比叡山ドライブウェイ」

〔パンフレット〕「伊吹山ドライブウェイ」

「延暦寺会館に別館」『毎日新聞』1974年8月19日朝刊

「京阪電鉄が子会社の比叡山ホテルを清算　98年1月めど　客離れで赤字10億円」『読売新聞』1997年10月30日朝刊大阪版

「比叡山国際観光ホテル、年明けに閉鎖　40年の歴史にピリオド」『毎日新聞』1997年10月30日朝刊大阪版

「ロテル・ド・比叡　霊山に『仏風』」『朝日新聞』1999年12月19日朝刊大阪版

第 11 章

バブル期のスキーとリフト

1. リフトが広めたゲレンデスキー

アルペンスキーの成立から日本へのリフト導入まで

本章では日本が好景気に沸いた 1980 年代のスキーリゾートを扱うが、その前に主として呉羽正昭の研究（呉羽、2017）によりながら、スキーの歴史をみていこう。

ヨーロッパで北欧に伝えられてきたスキーが西欧・中欧に広まったのは1870 年代頃以降であった。それまでのスキーは踵が板に固定されていないノルディックスキーであったが、南下とともに踵を固定したアルペンスキーが発明され、その滑走技術を習得するための練習場として造られたのがゲレンデであった。当時は山岳スキー（スキーを履いて登山をすること、山スキー）が主であり、ゲレンデで技術を磨いたのちに山に赴くのが本来の姿だった。ところが、20 世紀にはいる頃になるとゲレンデスキーヤーの人口が急増し、それが主流となった。1907 年にはゲレンデにおいてソリを機械動力で巻き上げる設備がオーストリアで導入された。1920 年代には大型のロープウェイも登場した（呉羽、2017、19-21 頁、以下同様）。

日本で初めて体系的にスキー技術を伝えたのは、オーストリア・ハンガリー帝国の軍人として 1910 年から 1912 年まで視察のため日本に滞在したテオドール・フォン・レルヒ（1869-1945）であった。彼は、1911 年に高田（新潟県）の

図 11-1　札幌・藻岩山のスキー場のリフト

出典：「企業情報　沿革」安全索道株式会社WEB サイト

陸軍第13師団にスキーを伝えた。その滑走法は、杖を一本だけ持ってプルーク（足をハの字状に開く姿勢）でターンをするもので、講習会を通じて陸軍以外の人々にも広がった。レルヒは翌年、北海道でもスキーを教えている（44-45 頁）。

　その後、両大戦間期にかけて積雪地域の軍隊や営林局、警察、郵便、電力会社などの職場における講習会や学校での教育を通じてスキーが普及した。業務のためのスキーは当然ながら山スキーであったが、行楽としてのスキーはゲレンデスキーとして広まった。都市部の富裕層は泊りがけでスキーを行い、鉄道省はガイドブックを編纂して旅客誘致に努めた。

1930 年代には外国人向けの「志賀高原温泉ホテル」と「赤倉観光ホテル」も開業している。ただし、第二次世界大戦前の日本ではリフトなどの機械式登攀装置は導入されなかった（45-47 頁）。

　日本で最初のスキーリフトは、1946 年から 47 年にかけてのシーズン（1947年シーズンという、以下同様）に札幌の藻岩山と長野県の志賀高原丸池スキー場に設置された（48 頁）。進駐軍が関係者のために日本政府から「調達」のうえ設置したもので、一般営業のためではなかった。ヨーロッパで最初のチェアリフトがフランスで誕生したのは 1946 年であったというから、ほぼ同時期であった。

　藻岩山の場合は既設のゲレンデにリフトを架けるのではなくスキー場の造成から行った。索道の架設は安全索道が担当した。藻岩山の頂上まで２本のリフトを架ける計画であったが、1947 年シーズンにはひとまず中腹までの１本を架けてゲレンデを整備した。斜面長は 983m、高低差は 164m で、速度は 1.0m/秒、発車間隔は 72 秒で、搬器が二人乗りであったから輸送力は 100 人/時であった（「新設札幌スキー場に就て」、1947）。二人乗りの搬器は、のちのペアリ

図 11-2　志賀高原・丸池スキー場のリフト

出典：志賀高原観光開発株式会社『二十年のあゆみ』同、1978 年

フトと異なり背中合わせに乗るもので、どのように乗降したのか気になるところである（図11-1）。上部の第2リフトについては、実際に開業したのかどうかも含めてよくわからない点が多い。

　志賀高原のリフトは、志賀高原温泉ホテルや丸池スキー場などを接収した進駐軍がリフトの「調達」を図ったことで設置された（図11-2）。架設を担当したのは鹿島建設であった。鉱山用の貨物索道を転用し、貨物用バケットに代えて一人乗りの搬器を取り付け、斜面長約300mのリフトを設置した（志賀高原観光開発株式会社、1978、35-36頁）。これらのGHQ関係者用リフトは、日本占領の終了とともに日本人に開放された。藻岩山のほうは不明点が多いが、志賀高原のほうは長野電鉄が運行を継承した。

　これ以外にもスキー場のリフトは設置されたと思われるが、運輸省より索道免許を取得した最初の事例は1951年シーズンに妙高（新潟県）の赤倉温泉中央スキー場および池の平温泉萱場スキー場に設置されたリフトで、安全索道が納入した（妙高市WEBサイトおよび安全索道株式会社WEBサイト）。この搬器は二人乗りで、上信越自動車道の妙高サービスエリアに保存されている。走行

用の車輪を備えていることから、支索上を曳索に牽かれて走行する複線自動循環式であったと思われる。安全索道は翌シーズンに小樽の天狗山スキー場に国内初の固定循環式スキーリフトを納入した。固定循環式とは一本の支曳索に懸垂した搬器が固定されたままぐるぐると回る方式で（第8章）、普及したのはこちらであった。

スキーの大衆化と装置産業化

　呉羽によれば、国民所得の増大によってスキーが大衆化し人気が拡大したのは、1950年代なかばから1990年代初頭までであった（呉羽、2017、48-63頁）。一般に高度成長期というのは1950年代半ばから「ドルショック」と「オイルショック」に見舞われた1970年代初頭までとされるが、今日からふりかえれば「バブル崩壊」を迎えた1990年代初頭までは基本的に成長の時代であったと評価してよい。たとえば一人あたりGDPは1970年代後半以降も増大が続き、今日まで続く停滞傾向に転じたのは1990年代半ばであった。スキーの大衆化と人気拡大は、これに重なる。

　呉羽は、スキーリフトの開設を指標としてスキー場開発の推移を追っている。それによれば、1950年代後半から開設数が増えはじめ、1960年代から73年（オイルショックの年）ごろまでは毎年20か所前後、多い時には30か所以上のスキー場が新たに開設された。立地については、当初は長野県と新潟県が中心で、1960年代以降はそれに加えて北海道、南東北、近畿の各地方でも増加が顕著となり、1970年代以降は北東北、関東、東海、中国の各地方でもスキー場の開設が相次いだ。

　開発主体は、大きく分けてまず地元資本あるいはその連合体、次に都市部の鉄道会社や観光事業者に大別された。市町村などの自治体が開発した場合もあるが、広い意味では地元資本による開発と分類してよい。地理学者の白坂蕃が1970年代に発表した研究によれば、長野県の野沢温泉村では1920年代から有力な旅館経営者らがスキークラブを結成して開発を始めた。農閑期の就労先として宿泊施設が増加し、戦後もゲレンデを拡大するとともにリフト経営にも乗り出し、同村はスキーの村へと変貌していった（白坂、1976）。

　同じ長野県の志賀高原では昭和初期から長野電鉄が開発を進めたが（そもそ

も「志賀高原」という名称自体が同
社によって戦略的に付されたもので
あった）、地元の地権者も1926年
に和合会という財団法人を結成し
てスキー場開発に乗り出した。両
者は対立することもあったがのち
に協力しあうようになり、戦後の
1959年に和合会の出資という形
で志賀高原観光開発株式会社が設
立されている（志賀高原観光開発
株式会社、1978）。

　これらと対照的なのが1961年
に開設された新潟県の苗場スキー
場で、西武鉄道と関係の深かった
国土計画株式会社が単独で開発し

表11-1　バブル期のスキー市場規模拡大

（億円（％））

シーズン		1986年	1989年
パックツアー		821 (21.7)	1,307 (23.9)
個人旅行	交通費	580 (15.3)	809 (14.8)
	宿泊費	682 (18.0)	913 (16.7)
飲食費		614 (16.2)	864 (15.8)
リフト		750 (16.2)	1,050 (15.8)
その他		341 (9.0)	525 (9.6)
合計		3,788 (100.0)	5,468 (100.0)

出典：『スノービジネス』42号、1990年春

た。このほかにも東急が白馬に進出して八方尾根スキー場を拡大するなど、多
くの事例がある。スキー場経営に都市部の企業が進出したのには理由があった。
高度成長期のスキー場ではリフトを備えることが当然となり、しかもその規模
が急速に拡大した結果、地元の小資本や組合では設備投資に耐えられなくなっ
たのである。先述した白坂の研究によれば、野沢温泉でもスキークラブによる
リフト経営には資金繰りに限界があり、1961年からは村営に移管した。一方、
宿泊施設のほうはペンションや民宿といったものであれば小資本でも参入可能
であった。

　呉羽の調査によれば、スキー場の新設はオイルショックの影響で1970年代
半ばに毎年10-15件程度へと減少し、1976年は10件を下回った。しかしその
後、日本はのちに「バブル」と呼ばれる空前の好景気へと向かい、スキー場開
発の件数は再び増加に転じていく。1970年代末から1980年代にかけては、年
間20件以上のスキー場が開業する年もあった（呉羽、2017、49頁）。スキーは
若者の間でファッショナブルなレジャーとされ、「スキーブーム」が到来した。
1987年に上映された映画「私をスキーに連れてって」（監督：馬場康夫、主演：

表 11-2　リフト総数とスキー場数の推移

年次	リフト総数 (a)	スキー場数 (b)	a/b
1979	1,689	499	3.4
1980	1,786	517	3.5
1981	1,920	537	3.6
1982	2,042	557	3.7
1983	2,144	570	3.8
1984	2,278	588	3.9
1985	2,393	608	3.9
1986	2,501	625	4.0
1987	2,482	645	3.8
1988	2,580	669	3.9
1989	2,692	697	3.9
1990	2,782	715	3.9
1991	2,835	730	3.9
1992	2,778	664	4.2
1993	2,822	675	4.2
1994	2,850	682	4.2
1995	2,854	683	4.2
1996	2,869	690	4.2
1997	2,873	694	4.1

注：1992 年より典拠におけるスキー場数のカウント基準
　　変更
出典：『スノービジネス』各号

原田知世）の影響も大きかった。1986 年と 1989 年の 2 時点だけでも、スキー旅行市場は表 11-1 に示すように拡大した。スキー場における収入の根幹であるリフト運輸収入は 1000 億円を超える規模に急成長した。

　呉羽は、この時期にスキー場の開発が進んだ理由を 4 つ挙げている（55-57 頁）。第 1 は、1987 年に制定されたリゾート法である（本書第 9 章参照）。これによってスキー場の開発を目論む動きが活発化した。第 2 に、それに少し先立って始まった国有林のスキー場化である。背景には 1973 年度に林野庁が国有林野で事業を営むことができる「レクリエーションの森」（レク森）制度を発足させたことがあった。雑誌『スノービジネス』（後述）24 号によれば、これを利用したスキー場の面積と件数は 1970 年代から 80 年前後にかけて増加し、1990 年代前半には 3 万 ha を超えた。第 3 は交通機関の整備である。1982 年に上越新幹線と東北新幹線が開業したこともあったが、それよりも関越自動車道や東北自動車道といった高速道路が整備された影響が大きく、自家用車やツアーバスの利用が広がった。そして第 4 が、スキー場の設備の技術革新であった。リフトの輸送力向上やゴンドラリフトの普及、さらに人工降雪機や圧雪車といった装置の導入である。

　苗場は大規模スキーリゾートのフラッグシップ的なブランド力を持つに至ったが、そのほかにも北海道のトマム・サホロ・キロロ、岩手県の安比高原といったスキー場が新たに開発された。一方、首都圏に近いところでは、宿泊施設はなくとも交通の便がよいスキー場が登場した。1990 年に開業したガーラ

湯沢スキー場は、新幹線の車庫線を利用して新たに駅を設け、越後湯沢に着いた新幹線列車がそのまま直通してガーラ湯沢駅からスキー場に出られるというもので（厳密にいうと制度上この区間は在来線）、日帰りスキーを推奨した。

　新たなスキー場が人気を博すと、既設のスキー場もリフトの更新やゲレンデの整備によって巻き返しを図らざるを得なくなる。こうして、スキー場の装置産業化が進むこととなった。表11-2は、リフト機器メーカーである日本ケーブルが集計した、リフトの総数とスキー場の総数を示したものである。1970年代末から1980年代にかけてリフトもスキー場も増加し、なおかつスキー場1か所あたりの平均リフト基数が増大したことがわかる。平均リフト基数は1980年代後半に停滞しているように見えるが、あとで述べるようにこの時期にはリフトの大型化が進行したことを踏まえれば、スキー場規模の増大は続いたとみるべきである。この勢いは1990年代初頭のバブル崩壊でいったん鈍り、スキー場の数は減少に転じるが、リフトの総数は横ばいを保つか微増すらしている。大規模スキー場が生き残った、あるいは投資を回収するために営業を続けざるをえなかったということであろう。

2. バブル期のリフト輸送力向上

『スノービジネス』創刊当時のリフト事情

　日本ケーブルは、1953年に創業した索道メーカーで、1954年に初めて複線自動循環式のスキー用チェアリフト（2人乗り）を新潟県湯沢町の岩原スキー場に納入し、その後スキーおよびスキー場の普及とともに市場を開拓して、1979年に業界向け季刊誌『スノービジネス』を創刊した。創刊の辞によれば、同社はこの時点までに単なるリフト建設の請負にとどまらない「スキーリゾートビジネスについてのノウハウや知識を多少なりとも蓄積」した。そこで、積極的にスキー場経営に関する情報を発信してリフト建設の増加に結び付けようというのであった（『スノービジネス』1号）。

　この頃のスキーリフトは、シングルリフトかシュレップリフトであった。シングルリフトというのは一人乗り搬器のリフトである。機構的には単線固定循

**図 11-3　蔵王竜山での 2 人乗り
シュレップリフト乗車**

出典：『スノービジネス』2 号

環式が主であった。密閉型キャビンを持
たないリフトは制度的には特殊索道とい
うが、夏山用リフトは甲種特殊索道、ス
キーリフトは乙種特殊索道に分類された。

シュレップリフトはワイヤーロープに
吊られたスティックを利用者が掴み、坂
を牽引されて登るものであり、丙種特殊
索道という。1953 年シーズンに安全索
道が妙高に納入したのが最初であった。
いくつかの方式があったが、1970 年代
には高い位置に張ったワイヤーロープに
牽引用ロープを収めたスプリングボック
スとスティックを吊架しておき、利用客
が乗場でスティックを引いて牽引用ロー
プを引き出す方式が主流となっていた
（『スノービジネス』2 号）。

　シュレップリフトはチェアリフトに比べると原始的という印象を受けるかも
しれないが、高速で運転できたため 1970 年代末から 80 年代初頭にかけてはな
お有望視されていた。それは、スプリングボックスからワイヤーを引き出す仕
組みのため乗るときの衝撃が緩和されるからで、当時のチェアリフトの運転速
度が 1.8m/秒であったのに対してシュレップリフトは 3.1 ～ 3.8m/秒であった。
輸送力についても、一人用のスティックを股に挟むタイプに加えて T 字型の
バーを腰に当てる二人乗りが導入されつつあったから有望視された。日本では
監督官庁の規制によって T バーでも一人乗りしか認められていなかったが、
1981 年 3 月に蔵王竜山スキー場（山形県）において二人乗りの営業が認められ
た（図 11-3）。速度は 3.0m/秒で、運転間隔は 7 秒（輸送力は 1028 人/時）であっ
た（『スノービジネス』7 号）。

　1970 年代なかばのヨーロッパではシュレップリフトが主流で、西ドイツや
オーストリアではスキーリフトの 9 割以上を占めていたが、日本では 1.6% に
とどまっていた。その原因は、日本人スキーヤーの「食わず嫌い」にあった。

日本ケーブルが 1982 年シーズンに蔵王竜山で行ったアンケートによれば、利用したことのない人が「ころびそう」といって敬遠していたのである（『スノービジネス』11 号）。ただ、日本のスキー人気は初心者の増加に支えられていたため、この層に選好されなければ普及は難しかった。

ペアリフトの普及

ペアリフトは、二人の乗客が隣り合って腰掛けるタイプのチェアリフトである。1946 年に志賀高原に設置された GHQ 関係者用のリフトは背中合わせに腰掛けるタイプであったから、ペアリフトとは呼ばない。先述した初期のリフトはペアリフトであったが、1957 年以降、二人乗りリフトは原則として自動循環式であることとされ、速度は 2.0m/秒、運転間隔は 25 秒（輸送力 288 人/時）と制限されたことで、その普及が阻まれた。なぜなら、固定循環式一人乗りリフトは速度 1.6m/秒、運転間隔 7 秒（輸送力 514 人/時）であり、輸送力の点では二人乗りリフトを建設するメリットがなかったためである（『スノービジネス』4 号）。

1970 年に固定循環式二人乗りの建設が認められ、運転間隔 8 秒（輸送力 900 人/時）としたことで、ようやくペアリフトを建設するインセンティブが生じた。1971 年に日本ケーブルが志賀高原に納入し、翌年には安全索道が同じ長野県の菅平に納入した。もっとも、ペアリフトがただちに普及したわけではなく、相変わらず主流はシングルリフトであった。

ペアリフトの普及を阻んでいたもう一つの理由が、乗降場の設計基準であった。欧米では両端のブルホイールの下をスキーヤーが直進して乗降する方式が一般的であったのに対し、当時の日本ではそれが認められていなかったのである（図 11-4）。利用者は搬器の進行方向に直交して横から乗り場に進入し、降り場でも横へ退出する必要があったが、ブルホイール直下を通る直進乗降よりも時間を要するうえに設備も大がかりになっていた。

日本ケーブルはこうした規制の緩和を訴えて実験をしばしば行い、誌上で結果を公表した。1980 年 3 月に新潟県の石内観光第 6 リフトで 342 人、斑尾高原第 1 ペアリフトで 234 人を対象にペアリフトの乗降行動を測定したのは、その一つであった。その結果をうけて、運転間隔は 5.5 秒に短縮しても問題がな

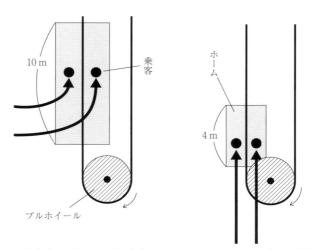

10 m

乗客

ホーム

4 m

ブルホイール

1980 年当時の規則による乗降方式　　　　ブルホイール下直進乗車方式

図 11-4　乗車方式のちがい
ブルホイール下直進乗車方式の場合、乗車がスムーズになるとともに、
ホームなどの設備も簡素化される。降車時も同様。
出典：『スノービジネス』5 号より筆者作成。

いことや、ホームの長さが 4m で十分であることを主張したのである。また、当時のペアリフトはシングルリフトよりも遅い 1.3m/秒程度で運転されることが多かったが、石内で 130 人を対象に速度試験を行い、直進乗降であれば 2.3m/秒で問題ないとの結論も得た（『スノービジネス』6 号）。こうして、1982 年シーズンには志賀高原一の瀬スキー場とハチ高原スキー場においてペアリフトを最高速度 2.0m/秒、運転間隔 6.0 秒（輸送力 1200 人/時）で運転することが認可された（『スノービジネス』11 号）。

　ただ、リフトの高速化は乗車失敗の可能性をも高める。同社は志賀高原一の瀬第 6 ペアリフトにおいて 1050 組の観察を行い、ゲートへの入り損ない、ゲートへの挟まれやゲート前での転倒、ゲート内での搬器への乗り損ないを数え、合計 35 搬器が空車で発車したことを確認した。ロス率は 3.3％ で、1200 人/時の輸送力に対し 1160 人を運ぶ計算であった。また、乗車時に搬器が脚に強く当たるのを不快と訴えるスキーヤーもいた（『スノービジネス』11 号）。以上のような事情から、固定循環式の輸送力向上はこのあたりが限界であった。

デタッチャブルリフトの登場

　固定循環式リフトの限界を突破したのが、支曳索1本のみをもちいる単線自動循環式のデタッチャブルリフトであった。日本ではこの方式が長く認められなかったが、1975年に日本ケーブルは単線自動循環式リフトの試作を行い、オーストリアのドッペルマイヤー社と協力して1976年にオーストリアでデタッチャブルリフトの実用化にこぎつけた。乗降時は1.0m/秒以下、本線では4.0〜5.0m/秒で運転し、発車間隔は5秒であった。ドッペルマイヤー社はオーストリアで1979年シーズンより3人乗りを実用化した。本線でのスピードは3.7m/秒で、輸送力は2160人/時であった（『スノービジネス』1号）。

　日本では1984年シーズンに志賀高原高天ヶ原スキー場とテイネハイランドスキー場で3人乗りデタッチャブルリフトが導入された。もっとも、高いコストをかけてデタッチャブルリフトを導入しても、利用率が低ければ意味がない。日本ケーブルが1984年2月に同スキー場で乗車効率測定を行ったところ、1173器のうち3人乗車990器、2人乗車177器、1人乗車5器、空車1器という結果を得た。アンケートによれば他人と一緒に乗車することへの抵抗を感じる利用者はなく、高速リフトにより滑走回数が増えたことが好評であったという（『スノービジネス』18号）。

　妙高高原赤倉スキー場のチャンピオン京王赤倉第7トリプルリフトは4人乗りのクワッドリフト化が可能な仕様になっており、1985年3月には実際にテスト運用が行われた（『スノービジネス』22号）。クワッドリフトは1986年シーズンから石打丸山、羽鳥湖、ニセコ国際ひらふの各スキー場で実用化された（図11-5）。本線での運転速度は4.0m/秒で、毎時の輸送力は2400人/時に達した。クワッドリフトはその速度ゆえ長距離輸送にも適しており、傾斜長は1500mを超

図11-5　石打観光第1クワッドリフト
出典：『スノービジネス』27号

表 11-3　スキーリフトとゴンドラのタイプ別設置数

（単位：基）

年次	特殊索道									合計	普通索道	
	シュレップ	シングル	ペア	Dペア	トリプル	Dトリプル	クワッド	Dクワッド	D6人		ロープウェイ	ゴンドラ
1974	3	51	4							58	n/a	n/a
1975	4	50	5							59	n/a	n/a
1976	4	58	6							68	n/a	n/a
1977	6	76	9							91	n/a	n/a
1978	9	73	6							88	n/a	n/a
1979	8	91	19							118	2	1
1980	7	78	32							117	1	
1981	6	103	42							151		2
1982	7	90	52							149		4
1983	3	58	88			2				151	1	5
1984	2	52	129			10				193		5
1985	7	34	140		6	6		3		196		7
1986	1	14	148		8	9		17		197		4
1987	1	8	113	1	11	3		33		170	1	4
1988	3	9	136	12	8	1		39		208	n/a	n/a（2か）
1989	3	3	158	13	13	1		35		226		11
1990		3	124	6	10			51		194	1	8
1991	1	5	104	11	6			27		154	2	4
1992		4	74	4	7			32		121		4
1993		4	74	2	7			22		109		5
1994	1	2	74	2	8			18		105		3
1995		3	55	6	2			13		79		2
1996			58	2	9		2	14		85		2
1997		1	40	1	1		4	17	1	65		1

注：空欄はゼロを表し、n/a はデータ未入手を示す。
出典：『スノービジネス』各号

えた（『スノービジネス』26 号）。

　表 11-3 は、毎年のリフトの新設基数をタイプ別に表示したものである。シングルリフトは 1980 年頃が設置のピークで、1983 年にはペアリフトに逆転された。つまり、1984 年シーズンはペアリフトが「ナウかった」のである。しかしこの年にはデタッチャブルトリプルリフトが登場し、さらに 2 年後にはデタッチャブルクワッドリフトが登場して瞬く間に増えた。バブル絶頂の 1980

年代後半における流行の移り変わりの激しさを感じとれよう。

　クワッドリフトは、リフト乗車中の人数とゲレンデ滑走中の人数のバランスを大きく変えた。いま、1500mの傾斜長にシングルリフトを途中で1度乗り換える想定で並行に4線配置する場合と、デタッチャブルクワッドリフトを1基配置する場合を比較し、同じ6秒間隔（輸送力2400人/時）で輸送すると仮定しよう。搬器間隔はシングルリフトで10.8m（1.8m/秒）、デタッチャブルクワッドでは24m（4.0m/秒）となる。乗車効率が100%だとすると、シングルリフトの場合は全距離6000mを10.8mで除した搬器数＝乗車人員は約555.5人であるのに対し、クワッドリフトの場合は1500mを24mで除したうえで1器あたり4人が乗車するから乗車人数は250人となる。ゲレンデ全体にいる人数を仮に1200人とすれば、コース上やリフト乗場にいる人はシングルリフトの場合は650人、クワッドリフトの場合は950人となる。このように、リフト乗車中の人の割合が低下するということは、コースや乗降場の規模を拡大しなければ混雑度が増すことを意味する。レストランや売店などを拡大して収容するという方法もあるが、いずれにせよスキー場はさらなる設備投資を迫られることとなった（『スノービジネス』31号）。

　1987年シーズンに安比高原スキー場（岩手県）のザイラーコースに架設された安比クワッドリフトは、傾斜長2143m、高低差613mという長距離リフトで、それまでのクワッドリフトが平均傾斜長1058m、高低差248mであったのに対し圧倒的な規模を誇った（『スノービジネス』31号）。同スキー場では後述するように同じシーズンから8人乗りの大型キャビンを備えたゴンドラリフトをも導入しており、1989年シーズンには次に述べる樹脂製フード付きリフトもいち早く導入した。安比高原は1970-80年代に急成長したリクルート社が主体となって開発したリゾートで、1988年に発覚した同社をめぐる疑獄事件にも関係が指摘され、色々な意味でバブル期を象徴する物件であった。

　樹脂製フード付きのデタッチャブルクワッドリフトは、1989年シーズンに15基導入された（うち1基は改造、『スノービジネス』37号）。風や雪、雨を防ぐことができ、長距離の運転に際して乗客の快適性が増すこととなった。こうなると閉鎖式のキャビンを備えた自動循環式のロープウェイ（ゴンドラ）と大差ないように感じられるが、ゴンドラが普通索道であるのに対しフード付きチェ

アリフトはあくまで特種索道であるため、搬器下の高さ制限が厳しく、さらに他の特殊索道との交差が認められないなどの制約もあった（『スノービジネス』38号）。

デタッチャブルリフトの人気は高く、1993年シーズンには全国2777基の乙丙種特種索道のうち、315基がこのタイプとなった（『スノービジネス』54号）。なお、デタッチャブルペアリフトは1988年シーズンに登場した。1998年シーズンには芸北国際スキー場（広島県）で6人乗りデタッチャブルリフトが登場した。速度は5.0m/秒で、輸送力は3600人/時となった（『スノービジネス』74号）。

ゴンドラリフトの大型化

ゴンドラリフトと呼ばれる単線自動循環式の普通索道は1954年頃にスイスで4人乗りが登場したのが最初で、1973年には6人乗りキャビンが登場した。しかし日本では循環式索道であっても交走式と同様に支索1本と曳索2本を備えることが要件とされ、1956年に登場した蔵王空中ケーブルでは3線自動循環式という日本独特の方式が採用された。

日本初の単線自動循環式普通索道は、1973年に安全索道が長野県の五竜スキー場とおみスキー場に、日本ケーブルが北海道の横津岳スキー場にそれぞれ納入した（各社WEBサイト）。交走式と比べた際の自動循環式のメリットは、距離が延びても輸送力が低下しないことである。また、一般に大型搬器のなかで乗客が立つ交走式と異なり、自動循環式は小型のキャビンに全員を着席させるのが前提であって、それが休憩を兼ねることにもなった。また、風防付きのチェアリフトがなかった当時は、防寒性でも優位に立っていた（『スノービジネス』10号）。

バブル期にはキャビンの大型化が進められた。1979年シーズンに4人乗りのゴンドラリフト（3.5m/秒）を導入した札幌国際スキー場では、1985年シーズンに6人乗りの「スカイキャビン6」（5.0m/秒）を導入し（『スノービジネス』22号）、1990年シーズンには4人乗りゴンドラを8人乗りに置き換えた（『スノービジネス』42号）。8人乗りゴンドラの最初は、1987年シーズンに安比高原で営業を開始した「安比ゴンドラ」で、傾斜長2820m、高低差646m、運転速

度 5.0m/秒、輸送力 2400 人/時（12 秒間隔）であった（『スノービジネス』34 号）。また、交走式ロープウェイにおいても、1992 年シーズンに当時世界最大の 166 人乗りキャビンが湯沢温泉ロープウェー（新潟県）と竜王ロープウェイ（長野県）に登場した（『スノービジネス』50 号）。

共通リフト券の普及とバブル崩壊

リフトの輸送力向上によるスキー場の大型化や利用客の滑走回数の増加は、乗車券の制度に変化をもたらした。それが、複数のリフトに乗れる共通券の普及と、一回券や回数券から時間券や一日券へのシフトであった。

共通券を最初に導入したのはおそらく志賀高原で、1967 年頃のことであった（志賀高原観光開発株式会社、1978、109-111 頁）。ここには 1968 年シーズンまでに 33 本のリフトと 2 本のロープウェイが整備されたが、運営主体は 13 にも分かれていた。志賀高原の実態は、いくつものスキー場の分立状態だったのである。大規模スキー場としての内実を備えるには共通券が有効であったが、小規模リフト事業者は「リフト券を共通にすると客を取られる」と抵抗したといい、利用客の囲い込みが底意にあったことが窺える。しかし、利用客にしてみれば回数券や一日券を効率よく利用しようとすると行動を制約されることにもつながっていた。そこで 2 年間は各事業者単位のリフト券と共通リフト券を並行して販売し、のちに共通リフト券に統一した（『スノービジネス』9 号）。

蔵王（山形県）でも複数の索道事業者が併存していたが、リフトについては 1972 年シーズンから共通回数券を、1979 年シーズンからは共通一日券を導入した。そして、1981 年シーズンからは 4 基の普通索道と 26 基のリフトすべて（事業者は 8 社）に有効な共通一日券を発売した。なんでもないことのように聞こえるが、普通索道の運賃は運輸省の認可により定められたのに対し、特殊索道の運賃は同省への届出で定められる制度であったことが実現を阻んでいたという。二つの異なる手続きで定められた運賃に基づく運送契約を、一つの有価証券（きっぷ）上に表章することはできないという理屈であろう。結局、各索道の乗車人員を正確に把握することが可能ならば共通券を発売しても構わないということになり、自動で乗客数をカウントするバーコード式システムを導入して共通券が実現した（『スノービジネス』6 号）。

表 11-4　地方陸運局／運輸局管区別スキーリフト輸送人員数

（単位：千人）

シーズン	札幌／北海道	仙台／東北	東京／関東	新潟	名古屋／中部	近畿	広島／中国
1979	23,974	6,123	12,211	123,683	11,233		
1980	29,178	10,556	14,900	128,136	17,366		8,094
1981	38,837	14,902	19,924	159,547	20,122		11,514
1982	42,808	14,067	20,350	172,331	18,341		10,511
1983	47,827	18,551	20,588	186,616	21,943		8,958
1984	53,903	24,670	26,804	219,413	33,063		15,765
1985	49,193	25,783	28,174	222,242	33,358		14,159
1986	55,361	31,862	34,900	256,509	39,077		17,339
1987	55,259	32,076	33,357	248,396	27,231		11,213
1988	62,182	34,591	38,644	275,767	34,022		11,320
1989	65,883	44,868	46,839	338,224	29,353		12,562
1990	70,684	48,099	55,865	361,572	33,668	22,648	17,891
1991	74,345	64,509	68,496	408,758	53,642	35,432	26,702
1992	79,354	66,322	68,431	418,602	48,460	31,272	26,049
1993	78,460	73,341	74,754	421,534	55,299	27,226	23,220
1994	75,686	71,839	73,379	399,793	61,305	33,773	32,445
1995	71,319	69,160	72,330	364,785	59,094	28,501	32,796
1996	72,400	71,997	74,581	363,868	69,121	43,775	40,088
1997	70,081	58,551	64,301	322,417	59,107	33,618	41,904
1998	64,301	50,611	56,643	270,193	47,542	22,765	23,159

注：スキーリフトとは乙丙種特種索道を指す。
出典：『スノービジネス』各号

　乗り放題のリフト券については、札幌のばんけいスキー場が 1984 年シーズンから 4 時間券を導入し、その後 5 時間券、8 時間券とラインナップを拡大した。ニセコ国際ひらふスキー場も、ゴンドラ設置に合わせて時間券を導入した。時間券は、午前券や午後券に比べてレストランや駐車場の利用を分散させることができるというメリットがあった。もちろん、リフトの利用も分散され、混雑が緩和できる（『スノービジネス』47 号）。

　改札の自動化は、時間券の管理や人件費の削減に役立った。1988 年に開業した長野県の八ヶ岳ライザーバレースキー場では磁気カードによる自動改札を導入した。この種の技術の進歩は急速で、1991 年シーズンに開業した同じく長野県の岩岳スキー場では、1 日券・2 日券をタグ化して非接触式とした。プリペイドシステムも導入が進み、リフトだけでなくレストランや売店でも利用

できるようになった（『スノービジネス』47 号）。

1995 年シーズンより、リフト料金が届出制から自由化された（『スノービジ
ネス』67 号）。各スキー場では曜日や時間帯によって大幅割引運賃を設定したり、
食事券など他の商品と組み合わせたパック料金を設定したりした。例えば安比
高原スキー場では、こどもと高齢者を対象に「こども＆シルバー料金」を設定
した。久々野町営船山高原スキー場（岐阜県）では毎週水曜日に女性客のみ 1
日券で 1000 円という大幅割引を行った。みやぎ蔵王えぼしスキー場と猫魔ス
キー場（福島県）は、協定を結んでどちらも利用できるシーズン券を発売して、
近隣県の日帰りスキー客に好評を博した。

だが、この頃になると「バブル崩壊」の影響でスキーブームは収束を迎えつ
つあった。表 11-4 は、リフトの乗員数の推移を地方陸運局（1984 年から地方
運輸局）管轄区域別に示したものである。長野県と新潟県を擁する新潟局管内
の輸送量が圧倒的だが、1990 年代初頭のバブル崩壊で北海道局管内とともに
減少に転じる。ただ、その他の地域では数年間は横ばいか増加を続け、明瞭に
減少傾向を示すようになったのは 1997-98 年のことであった。

スキーブームが一種のファッションであっただけに、スキー人口の減少は急
激であった。一方、スキー場経営は装置産業化していたため、事業者は資金繰
りに苦しむことになった。リフト券の大幅な割引は、窮余の策でもあった。こ
うして、20 世紀末から 21 世紀初頭にかけて、スキー場経営は冬の時代を迎え
ることとなった。

参考文献・史料

「新設札幌スキー場に就て」『土木学会誌』32 巻 1 号、1947 年

白坂蕃「野沢温泉村におけるスキー場の立地と発展」『地理学評論』49 巻 6 号、1976 年

志賀高原観光開発株式会社『二十年のあゆみ』同、1978 年

呉羽正昭『スキーリゾートの発展プロセス――日本とオーストリアの比較研究』二宮書
　　店、2017 年

『スノービジネス』各号、日本ケーブル

「企業情報　沿革」安全索道株式会社 WEB サイト

「妙高スキー場情報」妙高市 WEB サイト

「会社情報　沿革」日本ケーブル株式会社 WEB サイト

第 12 章

尾瀬に生きる

1. 尾瀬における自然保護のはじまり

尾瀬と平野家

　尾瀬は福島・群馬・新潟の三県にまたがる、2000m 級の山々に囲まれた高原である。標高 1660m に位置し面積 1.8km^2 の尾瀬沼と、東西約 6km、南北約 3km の湿原である尾瀬ヶ原とがその中心で（地図 12-1）、希少植物が多数生育することから国の特別天然記念物に指定されている。そして、2007 年には尾瀬国立公園が日光国立公園から分割指定された。こうした自然環境を保護するため、入山者には厳しいマナー遵守が求められる。マイカーで訪れることができないのはもちろん、設置された木道以外の箇所に足を踏み入れてはならない。訪れる人々もこれを受け入れており、木道は尾瀬のアイコンになっているともいえる。

　尾瀬の自然環境が注目されるようになったのは、決して最近のことではない。20 世紀の初頭からその価値に気づき、保護を試みた人々がいた。山間地で電源開発が盛んにおこなわれるようになった両大戦間期から戦後にかけては尾瀬もその対象となったが、反対運動も活発化した。その中心にいた人々は尾瀬に居つき、山小屋経営によって生計を立てていた。しかし、すでにみたように観光開発と資源開発は多くの場合並行して進むのであり、後者を拒絶しながら入山者、しかも規律を守れる者だけを受け入れ、自然保護運動を長年にわたって

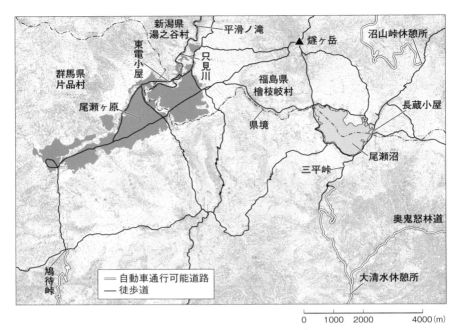

地図 12-1　尾瀬（1990 年代）

出典：国土地理院 2 万 5000 分の 1 地形図「尾瀬ヶ原」（1991 年 6 月）、「燧ヶ岳」「三平峠」（1991 年 8 月）、「至仏山」（1991 年 10 月）を加工

続けていくことには、並々ならぬ困難が伴った。

　平野長蔵・長英・長靖の三代にわたる親子は、明治末から昭和の高度成長期にいたるまで尾瀬で山小屋を経営しながら開発に抗い、尾瀬の自然の価値を世に発信しつづけた。とはいえ、彼らはそうした自身の活動、というよりも生き方を、何のためらいもなく選択したわけではなかった。むしろ、人並み以上に（「人並み」がどの程度なのかを断ずることはできないが）個人の内面と葛藤し、家族と葛藤しながら、その活動に身を投じたのである。

　平野家三代の取り組みについては後藤 允 『尾瀬——山小屋三代の記』が詳しい。だが、あらためて同書を読むと、それが三代にわたる男性当主の話としてのみ理解されるべきではないこと、たとえば彼らの配偶者である女性たち、あるいは彼ら、彼女らをとりまく多くの人々の人生について思いを致すべきこ

とにも気づかされる。本章では主に後藤の著書
に依拠して平野家三代の活動を紹介するととも
に、聞き取りや平野家の経営する山小屋「長蔵
小屋」の発行したミニコミ誌などによって、こ
うしたことをも考えてみたい。

図 12-1　平野長蔵
出典：長蔵小屋 WEB サイト

平野長蔵のとりくみ

　平野長蔵（1870-1930、図 12-1）は、会津（当
時は若松県）の檜枝岐村に生まれた。父親を 10
歳で亡くしたのち、「百姓」をしながら群馬県
側の沼田にもしばしば往来した。つまり、尾瀬を歩くことは彼の生活の一部で
あった。20 歳前後で神道家となり、1890 年から尾瀬沼のほとりで神社を開い
たところ、檜枝岐村の人々の旧来の信仰と衝突してしまった。長蔵が村に戻っ
ても問題は解消せず、さらには事業に手を出したあげく失敗し、1904 年末こ
ろに栃木県の今市に移住した。それでも尾瀬沼への思いは消えず、1909 年に
は募金で沼畔に小屋を建てて拠点とし、1922 年に移住した。これが「長蔵小
屋」の始まりである。尾瀬沼では信仰の復活を掲げつつ、高山植物標本の販売
やニジマスの養殖、養狐などを試みたものの、すべて成功しなかった。

　このころ、尾瀬でも電源開発の機運が高まった。1914 年に鬼怒川水力電気
が尾瀬沼の開発を企図し、1918 年には関東水電が尾瀬沼と尾瀬ヶ原一体の土
地を取得のうえ 1922 年には水利権を獲得した。長蔵はこうした動きに対し
「養魚・捕獲・繁殖・保護の見地」から反発したという（後藤、1984、27-35 頁、
以下同様）。反対理由のなかに「保護」も入っていたとはいえ、この段階では
自らの生業が脅かされることへの危機感が動機であったことも窺われる。また、
開発計画には政友会の利権が関係していると噂されていたことから、ライバル
の憲政会に働きかけたとも伝えられる。

　長蔵が尾瀬の自然の保護を強く意識するようになったのは、1924 年ころか
らであった。植物学者で登山家の武田久吉（1883-1972）と知り合い、ともに尾
瀬の自然保護を目指すようになったのである。武田は幕末に来日したイギリス
の外交官にして日本で最初期に西洋式登山を実践したアーネスト・サトウ

（1843-1929）の子で、彼もまたアルピニズムに親しみ、1905年の日本山岳会設立にあたっては発起人の一人に名を連ねていた。1927年に新潟県内の阿賀野川水系で発電所計画がもちあがった折に、長蔵は上流の会津で漁業が影響を受けるとして反対した（37頁）。

　この頃の長蔵は花に頬ずりをするほどの偏愛ぶりを示したといい（44頁）、1929年に植物学者の牧野富太郎（1862-1957）が尾瀬を訪れて植物採取をした際には、その態度が略奪的であるとして牧野を叱責し、以後の山小屋への出入りを禁止してしまったという（38-39頁）。率直にいえば奇矯という印象を受けるが、しかし彼は決して浮世離れした存在ではなく、政治やアルピニズム運動との接点を持っていたことに注意したい。ただ、檜枝岐村の人々との反目は解消しなかった。村の人々は、開発によって豊かな生活がもたらされると期待し、それを望んだためであった。長蔵は、村人たちの間からは「浮いた」存在であったが、それと同時に別の形で社会とのつながりを持っていたことになる。

平野長英の葛藤

　平野長英（1903-88、図12-2）は、長蔵の死をうけて27歳で長蔵小屋の経営を引き継いだ。生前の長蔵は、子の将来について「希望どおり自由にさせる」と述べていたらしい。しかし、その約束は果たされなかった。長英は1924年の出来事として次のように述懐している。「そろそろ東京に出たいと切り出すと、父は……『オレを置いて行くつもりか』と泣き声を出すのですね。〔中略〕それっ切り山を離れることをあきらめました」（68頁）。彼は、自ら望んで山小屋を継いだわけではなかったのである。

　長英は、「山小屋の仕事というのは営林署や県の土木などとも交渉があって、本当にやっていけるものか、不安でいっぱいだった」とも述べている（67-68頁）。尾瀬の豊かな自然は決して「手つかず」なのではなく、複雑な社会関係の網の目のなかに存在していた。平野家の人々の活動は、人の手から自然を守ることではなく、自然が保全されるような人の手のあり方を模索する仕事であったといえる。

　そうした活動を継続していくには、経済的な基盤が安定しなければならない。1930年から1935年までの間、尾瀬の入山者は2055人から3107人に増加した。

戦後と比べればまだ少ないが、約1.5倍である。経済的に苦しくそれゆえ多忙な山小屋経営の傍ら、長英は大学生などの登山者が残していった本を読み、同時に熱心に歌作を行った。少なくとも初発段階では決して主体的に選び取ったわけではない人生のなかで、彼は自身の内面を耕すことに努めた。

長英は1932年、短歌を通じて知り合った靖子（1906-99）と結婚した。靖子夫人は作家・生方敏郎の姪にあたり、群馬県立前橋高等女学校卒業という当時としては高学歴に属する経歴を有していた。1930年代には、そうした学歴をもつ女性の「職業婦人」としての就業機会が増加したが、靖子は長英とともに山小屋経営に従事する人生を選んだ。それは「忍従につらぬ

図 12-2　平野長英
出典：長蔵小屋 WEB サイト

かれた闘い」（平野、1972、19頁）の始まりでもあったが、この問題については後段で改めて触れることにしたい。

1930年、尾瀬が禁猟区に指定された（「尾瀬の歴史」〔年表〕公益財団法人尾瀬保護財団 WEB サイト）。狩猟法に基づき鳥獣の狩猟が禁じられた区域で、現在の鳥獣保護区にあたる。ただその対象は動物で、植物の保護は直接には規定されなかったから、開発は可能であった。1933年には、史跡名勝天然記念物保護法に基づく天然記念物指定を念頭に、所管官庁である文部省が報告書『尾瀬天然記念物』を公表した。これは動物のみならず植物や地質鉱物をも直接の保護対象となし得る制度であった。報告書のなかで尾瀬は指定に値すると評価された。だが、それにもかかわらず指定には結びつかなかった。

尾瀬の開発を法的に制限する端緒となったのは、1934年の日光国立公園指定であった。日光から遠く離れてはいたが、尾瀬も国立公園の範囲に含まれたのである。国立公園を管掌したのは内務省であった。1935年には天然記念物指定が内定したが、このときも実現には至らなかった。指定がなされなかったことで利得を得るのがどういう立場の人々であったのかを推察するのは、そう

難しいことではない。

　長英は 1934 年には 100 人収容が可能な山小屋の本館を新築したが、妻の靖子に「もう一円の貯えもなくなった」と告げたという（『いわつばめ通信』15 号）。しかしこの年には、李氏朝鮮最後の国王にして大韓帝国初代皇帝高宗の子、李垠（1897-1970）が尾瀬を訪れ、長蔵小屋に宿泊した。日韓併合後の日本において韓国皇族は皇族に次ぐ扱い（王公族）とされていたから、これは長蔵小屋にとって一大事であった。長英は、「当日は群馬県から人が来て、小屋の手すりを消毒するやら、沼の船着き場まで白砂を敷くやら……。私は布団を買いに東京の百貨店まで行きましたが、九十五円かかりました、宿代が九十銭の時でした」（後藤、1984、88 頁、以下同様）と述懐している。尾瀬は、このような高位の人物が訪れるほど（あるいはそれに値するとされるほど）有名になっていた。1938 年のシーズン中の宿泊客は 3000 人に達し「一家なんとか、夜なべ仕事をしなくても、食べていける」ようになった（93-94 頁）。

　1940 年、長英は登山家の川崎隆章（1903-79）とともに尾瀬を紹介する『尾瀬』という書物を出版した。本章で引用しているのとは別の書物であるが、これを読むと長英の精神の豊かさを窺うことができる。長英はその直後に軍に応召したが、1942 年に帰還した。

2. 電源開発と保護運動

戦前・戦後の電源開発計画

　山岳地帯が観光地として有名になっていくことと電源開発が進展することは、どちらも都市化の進展や中間層の拡大といった社会の変化に起因するという点で同根の現象であり、同時期に進展したのは決して偶然ではなかった。

　1935 年、関東水電から水利権を引き継いでいた東京電燈は尾瀬の開発計画を提出し、1938 年には尾瀬電源開発計画案を得た。尾瀬ヶ原を貯水池化して出力 64 万 kW の発電所を建設するという内容であった（村串、2005）。実現すれば尾瀬ヶ原はダムの底に沈んでしまう。この計画に対しては国立公園協会やその関係者などが一斉に反対し、戦争の影響もあって実現しないままに終わっ

た。戦争は生産力の増強を要請するものであるから電源開発を促進させる作用もあったが、敗色が濃くなるなかで物資不足に陥ったことが工事を阻んだのである。

　しかし戦争は、本来的には環境保護などお構いなしに開発を進めさせる。それは確実な破壊を尾瀬の自然にもたらした。1944年、電力国家管理によって東京電燈から水利権を引き継いでいた日本発送電は、尾瀬沼から群馬県側の片品川へ取水するためのトンネル（水道）建設工事を開始したのである。尾瀬のダム建設構想は、福島県側の只見川に導水する計画と、トンネルで群馬県側の利根川に分水する計画とに大別され、両者はせめぎあっていた。トンネルは、後者にはずみをつけるものであった。

　長英は当時のことを「工事に使われる朝鮮の人たちは、可哀そうでした。雪の中の掘っ立て小屋のような宿舎に寝泊りして、長蔵小屋にも食べ物を分けてくれと、よく来たものでした」（後藤、1984、104頁、以下同様）と述べている。長英にしてみれば目の敵のような工事であったが、それに従事させられる人々もまた犠牲者であることを、彼は理解していた。

　この分水工事も結局は中断したが、戦争が終わると日本発送電は早くも1947年に尾瀬沼の取水工事を再開した。この時には武田久吉と牧野富太郎も消極的賛成に回っている。取水トンネルは1949年に完成して、尾瀬沼は貯水池化された。そして、ここまでして得られた出力は、わずか3200kWであった。しかしこれはあくまで本格的開発の足がかりであった（104-107頁）。

　1947年、日本発送電は合計181万kWの「只見川筋水力開発計画概要」を打ち出した（村串、2009b）。もちろん、尾瀬ヶ原の貯水池化も含まれていた。ここでは只見川の開発と謳われていたが、同じころ国は利根川へ分水する構想も持っており、日本発送電の社内でも様々な意見があったらしい。只見川本流計画を推す福島県と利根川分水計画を推す群馬県との対立は、やがて近隣の都県をも巻き込み複雑化していった。そして、対立は長期化し、事態は膠着した。結果的にみれば、このことが尾瀬の自然を救った。

　平野長英らは、1949年に尾瀬保存期成同盟を発足させた。牧野や武田ら学者・文化人のほか、国立公園を所管する厚生省や天然記念物を所管する文部省の官吏、それに関係する国会議員や実業家なども加わった（後藤、1984、113-

114頁）。ちなみに電気事業を所管していたのは、戦前は逓信省、戦後は商工省（1949年以降は通商産業省）で、国土開発行政は経済安定本部が所管していた。政府内においても、省庁やそれに連なる政治家によって立場や意見は異なっていたのである。尾瀬保存期成同盟は1950年、国会へ請願書を提出した（村串、2009b）。

1951年、国策会社といわれた日本発送電は解散し、9電力体制へと移行した。これにより同社が策定した尾瀬開発計画は、いったん棚上げとなった。只見川本流案と利根川分水案の角逐は日本発送電の東北支店と関東支店から東北電力と東京電力に引き継がれ、さらにアメリカ海外技術調査団（OCI）まで巻き込んでいったが、尾瀬の水利権がどこに帰属するかということまで問い直されることとなり、しばらく進展しなかった。尾瀬保存期成同盟は1951年に日本自然保護協会へと改組し、このころ喫緊の問題として浮上した北海道の雌阿寒岳硫黄採掘計画問題にしばらくの間注力した。

両案の対立は、1953年に利根川分水案を加味した只見川本流案が閣議決定されたことでいちおう決着した。1954年に「奥只見特定地域総合開発計画書」が策定され、1956年にはこれが閣議決定された。尾瀬ヶ原には高さ55m、長さ730mのダム（出力12万kW）が建設されることとなった。日本自然保護協会は1955年、「計画に関する反対陳情書」を各方面へ提出して対抗した。そのなかでは、「世界のエネルギー源としては、原子力がこれらにとって代るべき時代が近づきつつある」と述べられていた。この時期は、自然保護を訴える人々にとっても原発はクリーンなエネルギー源と目されていたのである。協会は1960年に財団法人化された（村串、2009b）。

政府内における保護の動き

政府内においても、尾瀬の電力開発に対抗して保護を主張する動きが進展した。1952年、国立公園協会は第三回国際自然保護連合総会にレポート「日本における自然保護と水力開発」（英文）を送り、尾瀬をとりあげた。これをうけて翌年、連合から「政府の注意を喚起する」旨の文書が日本に届いた。これ自体はなんら拘束力をもつものではなかったが、日本側の関係者に外圧を意識させたであろう。そして1953年、厚生省は国立公園審議会の国立公園計画特

別委員会において尾瀬ヶ原発電計画の先送りを主張した。さらに国立公園法にもとづき、尾瀬ヶ原を含む 8650ha を「絶対現状維持を原則とする」特別保護地区に指定した。このことは、尾瀬ヶ原を開発するうえで極めて大きな制約になった（村串、2009b、192-196 頁、以下同様）。

　文部省も動きを見せ、1954 年に『尾瀬ヶ原総合学術調査団研究報告』を公表した。これは 1950-53 年度に 52 名の研究者が行った調査の成果報告であった。尾瀬の自然は学術的な観点からも保護に値するという主張を強化したことになる。そして 1956 年、文部省は尾瀬を天然記念物に指定した（201-204 頁）。最初に指定の機運が高まってから、実に 20 年以上が経過していた。1960 年には特別天然記念物に指定された。なお厚生省も 1956 年に尾瀬を鉱山法に基づく「鉱区禁止地区」に指定した。開発に対する規制の網は幾重にもなった。

　尾瀬の電源開発計画は、高度成長期にはかろうじて残存するのみとなっていた。それでも 1958 年、東京電力は大日本発送電から継承していた水利権に基づき「奥利根電源開発計画」を作成した。これは尾瀬ヶ原をダム化しトンネルで群馬県側の楢俣川に導いて利根川に取水するという内容であった。この計画は、電気の需要地である関東地方の自治体も歓迎するところであった。1965 年には関東 1 都 5 県の知事が「尾瀬分水促進要望書」を衆議院に提出している。1966 年には東京電力が平滑の滝の上流にダムを建設する計画を発表したが、これに対して日本自然保護協会が反対陳情を行い、福島県など東北各県と新潟県も反対した（216-222 頁）。これら各県は電源開発には賛成だったが、ライバルの計画に対しては容赦なく脚を引っ張った。

　この時期、檜枝岐村議会はこうした開発計画に対し、尾瀬の学術資源のみならず、貴重な観光資源をも破壊するとして反対の態度をとっていた（220 頁）。かつて平野長蔵と対立して開発を望んだ檜枝岐村の人々は、この時期には態度を逆転させていたことになる。ただし、その底意には観光客誘致という経済的な動機のあったことも見逃せない。しかし、尾瀬の自然を求めてやってくる観光客は、やがて自然保護にとっての脅威となっていく。

　ここで、戦後における尾瀬の観光地化についてふれておく（WEB サイト「尾瀬の歴史」〔年表〕）。1949 年、NHK ラジオで尾瀬を素材にした歌曲「夏の思い出」が放送されると人気を博し、学校教育の唱歌にも採用された。一方、入山

者の増加とともに1950年代には空缶やフィルムケース、紙くずや新聞紙などが散乱するようになったという。ただし時に自然保護の機運も高まり、1952-56年頃には、入山者の踏圧による裸地下を防ぐため、木道の敷設が進行した。こんにちまで続く尾瀬の木道の始まりである。

　1960年代後半には、地元自治体や電力会社も尾瀬の自然保護に乗り出すようになった。1966年、群馬県と福島県は裸地化した「あやめ平」と「尾瀬ヶ原」の回復事業をそれぞれ開始した。1969年には東京電力の子会社である尾瀬林業観光株式会社も裸地化回復事業に参加した。

　東京電力は尾瀬ヶ原の水利権を10年ごとに更新することで保持しつづけていたが、1996年の更新時に新たな計画の策定を求められるようになったことを契機に、水利権の更新を断念した。こうして、尾瀬ヶ原の電源開発計画は途絶えた。

　ただし、尾瀬の事例をもって高度成長期に自然保護を電源開発に優先させる思想が日本に定着したとみることはできない。村串は、たとえば同じ国立公園内でも第6章でふれた富山県の黒部川水域では大規模な開発が進展したことを鋭い批判とともに指摘している（村串、2009a）。

3.　観光地化のなかの長蔵小屋

平野長靖の取り組み

　平野長英の子として長蔵小屋の経営を継いだのは、平野長靖（1935-71、図12-3）であった。長靖は長英が果たせなかった進学を実現し、1959年に京都大学文学部史学科を卒業した。そののち北海道新聞社に勤めたが、1961年に山小屋の後継者と嘱望されていた弟の平野睦夫が水難事故で亡くなり、さらに父親の長英の健康に不安が出るに及んで、1963年に退社して長蔵小屋の経営を引き継いだ。長英が60歳の時である。この時期の長靖は、「三平峠〔尾瀬にアプローチするための峠、地図12-1〕よ、もう一度お前に別れを告げてやる」「おれには、この山の中に埋もれるのは許されないのだ」といったすさまじい言葉を日記にぶつけている（平野、1972、196-197頁）。彼もまた、親と同じく人生

を尾瀬に差し出したのである。

　長靖が長蔵小屋を引き継いだころには、電源
開発はすでに実現の見込みが立たなくなってい
た。彼と周りの人々が取り組んだのは、観光客
の増加にともなう道路開発や観光客自身による
環境破壊であった。1963年には群馬県の戸倉
から尾瀬の鳩待峠（地図12-1）に入る会員制バ
スが運行を開始した。定期路線ではなく貸切バ
スという扱いではあるものの、実際には不特定
多数の観光客が利用し得た。自動車利用の拡大
は、自動車道の整備と一体であった。尾瀬への
道路建設計画は戦前から存在したが、1965年

図12-3　平野長靖
出典：平野長靖『尾瀬に死す』尾瀬沼
畔長蔵小屋、1972年

には尾瀬を縦断して群馬県と福島県を結ぶ大清水－七入（沼山峠の北方）間の
車道建設推進運動がおこり、翌年には大清水から北方へ道路を拡幅する工事が
始まった。道路はさらに北へ伸びることになっていた。国立公園を所管する厚
生省は、環境への配慮を払っていたとはいえ（中澤・土屋、2017）、道路建設自
体は既定路線となっていた。これが実現すれば観光のための利便性はぐっと高
まるが、来訪客が増えれば自然環境破壊の原因になり得るし、道路建設自体に
よる自然環境への影響も不可避である。1970年には福島の檜枝岐－沼山間で
も「会員制バス」の運行が始まり、群馬側からも福島側からも尾瀬のすぐそば
までバスで訪れることが可能になった。

　こうした状況のなか平野長靖は1969年、長蔵小屋を中心とする「一つの広
場」として『いわつばめ通信』という「小新聞」を創刊した。発刊の辞には次
のように記されている。

　　いま、尾瀬の入口から奥に向って、まぎれもない破壊が進んでいます。
　〔中略〕遠くない将来、峠の上を自動車がう回してゆく日、私たちの尾瀬は
　大きな変貌を強いられるでしょう。
　　ねじ伏せられてゆく自然をまのあたりにする痛み——それが、この新聞の
　もう一つの動機です。（「発刊にあたって」『いわつばめ通信』1号）

とはいえ、こうした危機感がすぐに何らかの行動となったわけではなかった。平野長靖ら地元の人々が危機感を深めたのは、大清水の北の一の瀬まで工事が進み、巨大な鉄橋が姿を現した1970年ころであったという。1971年になって長靖は問題提起のために新聞への投書を行ったが、結局は「あまりに遅すぎるけど市民運動の組織を作ろう」ということになり、さらに「組織が動きを始めるまで待っていないで、どこか政治の中枢部に個人的にでもよいからあたってみよう」と決意した（平野、1971）。

　ちょうどこの年の7月、公害対応や環境保護にかかわる行政を行う官庁として環境庁が発足した。平野長靖は長官の大石武一（1909-2003）と面会し、大石の尾瀬視察を実現させた。大石長官は視察の後、道路工事の中止を言明した。これに対しては建設・農林・通産の各大臣、さらに群馬県と福島県が反発した。片品村では、ほぼすべての住民が「工事促進陳情書」に署名している。にもかかわらず、同年8月には工事中止が閣議で了承された。工事に行政手続上の瑕疵はなかったため、大石の説得で県知事らが計画を自発的に取り下げる形をとった。

　これと並行して平野長靖らはみずから発起人となり「尾瀬の自然を守る会」を結成し、1971年8月に発会した。会は道路建設反対の署名運動を行い、10万人分もの署名を集めることに成功した。会はその後、1972年にごみ持ち帰り運動を開始した。この種の取り組みの先駆であり、その後他の地域にも広がっていった。

　しかし、この運動に平野長靖が加わることはなかった。1971年12月、彼は長蔵小屋からほど近い三平峠で遭難し、命を落としたのである。わずか36歳であった。

女たちの尾瀬

　こうして尾瀬は平野長蔵・長英・長靖の三代の人生を飲み込んだのであるが、これを長英の妻であり長靖の母である平野靖子（図12-4）の立場からとらえ返してみるとどうであろうか。彼女は、高等女学校卒業ののち、夫とともに山小屋経営に力を注いだ。後藤允『尾瀬』によれば、姑つまり長蔵の妻との関係は必ずしも温かいものではなかったらしい。そうしたなか、終戦直後には小さな

娘を病気で失い、育て上げた二人の男子も事故
で夭逝した。五人の子のうち三人を失ったこと
になる。

　なんという人生であろうか。もちろん、周囲
や自分が思い描いていたのとは違うライフコー
スを歩んだり、身近な人との関係に悩んだり、
親が子を失ったりということはこの世界にたく
さんあり、誤解を恐れずにいえば、これと同じ
かそれ以上の苦しみを味わった人は、歴史の中
に数えきれないほどいたであろう。しかしそう
であるなら、長蔵小屋を拠点に展開した尾瀬の

図12-4　平野靖子
提供：長蔵小屋

自然保護活動は、歴史上の様々な人々を苦しめた様々な営みと同じくらいに苛
烈なものであったということになる。そしてそれは、活動が偉大な取り組みで
あったことといささかも矛盾しない。

　長靖が他界したのち、長蔵小屋の経営を引き継いだのは妻の平野紀子（19
41-）であった。紀子は札幌の出身で、生まれた翌年に父親を事故で失ったが、
その友人のアルピニストたちに交わり山に慣れ親しみながら育った。新制中学
校を卒業後、北海道新聞社に「少年」（事務補助）として入り、のちに正社員
となった。また、勤務を続けながら札幌南高校夜間部を卒業し、北星学園女子
短期大学附設幼稚園教諭養成所に通った（平野紀子氏への聞き取りによる、以下
同様）。

　長靖とは北海道新聞社の労働組合活動を通じて知り合ったという。長靖が長
蔵小屋の経営に携わるため尾瀬に戻ったのち、友人グループでの列島縦断の長
期旅行で再会したのをきっかけに、1964年に結婚して長蔵小屋に入った。ピー
ク時には一晩で500人もの宿泊客が滞在したというが、山小屋は一年の中で営
業可能な期間がごく短いため、経営は決して楽ではなかった。炊事や洗濯、掃
除といった労働集約的な仕事をこなすため、自らの重労働の傍ら、50人にも
のぼる従業員の差配もしなければならなかった。すべて未経験の仕事である。

　1971年に夫を失ったとき、紀子には三人の子と山小屋が遺された。さらに
群馬県側の片品村戸倉には、冬場に山小屋の仕事がなくなる従業員のため

1970年12月にオープンしたばかりのスキーロッジもあった。長靖は息を引き取る前、「小屋を閉めるように」と言い遺したが、紀子によれば借入金の返済もあり、やめるにやめられなかったという。長英は病を得て第一線を退いており、義母の靖子と札幌から呼び寄せた実母（鈴木つ子）の助けを得つつ、育児と経営を切り盛りした。皮肉なことに、長靖の死そのものが長蔵小屋に観光客を呼び寄せた。環境庁長官に直談判して道路開発を止めた若い山小屋経営者の死は、人口に膾炙していったのである。

　行政による車道建設の機運は完全に潰えたわけではなかったが、そうした動きに対抗するため1973年に「尾瀬を守る連絡協議会」が前橋に発足した。紀子自身は多忙な業務のなか環境保護運動に直接携わる機会をもつことはそう多くなかったというが、『いわつばめ通信』に関連記事を執筆するなど関心は持ちつづけた。また、行政による環境保護の制度化が進むと、たとえば便所の浄化槽をめぐる県との折衝やごみ処理をめぐる自治体との話し合いなど、環境保護と観光との両立を図るための取り組みに多くの手間と時間が費やされることになった。一方で、食事に冷凍食品をいち早く取り入れるなど合理化のための新しい試みにも取り組んだ。そうして30年のあいだ経営者の責を果たし、2001年に長男の平野太郎（1968-）に「四代目」を託した。

山の人生

　民俗学の草分けである柳田國男（1875-1962）のあまりにも有名な作品と同じ表題をここで用いるのにはためらいも感じるが、以上の話から想起するのはやはりこの言葉である。

　「人里離れた山奥」という言い習わしがある。ヘリコプターでも利用しない限り自らの脚で歩いてしか訪れることのできない尾瀬は、間違いなく日本有数の山奥であろう。しかし、本章に登場した人々はそこに立てこもり下界から隔絶されて尾瀬の自然を守ったのでは決してなかった。むしろ濃密な社会関係の網の目のなかで、そのあり方を模索し構築と再構築を重ねながら、そしてそれぞれが自らの内面においては激しい葛藤を抱えながら、自然保護を謳いつつ、しかしそれを見るためにやってくる外部の人を相手とする、難しい仕事に取り組んだのである。

だが、筆者がここで訴えたいのは山小屋経営には苦労が多いということではない。彼ら・彼女らの生き方から何らかの苦労や困難が看取されるのだとしたら、それは私たちが普通に暮らしていくことにまつわる、普遍的な生きづらさであると思う。つまり、山の人生は大変ではあるが、その大変さはこの世に生きている人間であれば誰もが多少なりとも抱えているものと通じあうのではないかということである。誰もが抱えているならありふれているのではないかという人もいるかもしれない。しかし、尾瀬に生きた人々の生きざまを見ることで、私たちは「ありふれた」苦労の凄まじさというものを理解し、他者の生きる現場に想像力を働かせることができるようになるのではないだろうか。

　本章では男性だけでなく女性たちの山の人生にも想像を巡らせてみた。だが山小屋というのは経営者だけで成り立つものではない。何十年も住み込みで働いた人々、学生時代などの一定期間だけ働いた人々、記録で確認することは難しくてもそれぞれの人にそれぞれの生きる現場があったはずであり、長蔵小屋はその結節点であった。それから、山小屋では宿泊者も単なる通過客ではない。長蔵小屋が1969年から2001年まで発行した『いわつばめ通信』を読むと、山小屋を焦点にして実に多くの人々の人生がつながっていったことが窺える。そして、私たちの人生にもほかの誰かの人生にも同じように困難や葛藤がつきまとっていること、しかし同時に私たちもほかの誰かも同じように何らかの関係の網の目のなかに置かれていて、孤独ではないということを教えてくれる。

　尾瀬の自然をめぐっては、長靖の没後も開発と保護の相克が続いた。一時、大清水より奥の一ノ瀬というところに大規模駐車場をつくりマイカーやバスの乗り入れを認める機運が高まったが、1974年にはこの方針が撤回された。1983年には「奥鬼怒林道」(スーパー林道)が着工された。これは栃木県の日光市と群馬県片品村の大清水とを結ぶ林道(農林水産省管下の道路)で、尾瀬は通過しないものの尾瀬観光の拠点である大清水に接続していることから、環境への影響が懸念された。一方で、この道路自体は治山上必要とされたことから、解決策として群馬県側の大清水から栃木県側の「八丁の湯」までの区間の観光利用を止めることとし、一般車の乗り入れを許可しないという条件で落着した。奥鬼怒林道は1993年に開通した。

　1988年には環境庁主導のもと福島・群馬・新潟の各県と檜枝岐・片品・湯

之谷の各村で「尾瀬地区保全対策推進連絡協議会」を設置し、行政が連携して尾瀬の自然を保護する体制を整えた。1992年には3県の知事による「尾瀬サミット」が開催されている。このサミットでの合意を受けて、1995年に財団法人尾瀬保護財団（現・公益財団法人尾瀬保護財団）が設立された。2007年に尾瀬国立公園が設定されたことは、すでに述べた通りである。

参考文献

平野長靖「尾瀬自動車道と反対運動の課題」『市民』5号、勁草書房、1971年

平野長靖『尾瀬に死す』尾瀬沼畔長蔵小屋、1972年（ここでは1990年復刻版を利用）

後藤允『尾瀬——山小屋三代の記』岩波書店（岩波新書）、1984年

村串仁三郎『国立公園成立史の研究』法政大学出版局、2005年

村串仁三郎「中部山岳国立公園内の黒部第四発電所建設計画と反対運動——戦後後期の国立公園制度の整備・拡充（4）」〔法政大学〕『経済志林』76巻4号、2009年a

村串仁三郎「日光国立公園内の尾瀬ヶ原電源開発計画と反対運動——戦後後期の国立公園制度の整備・拡充（5）」〔法政大学〕『経済志林』77巻1号、2009年b

中澤圭一・土屋俊幸「尾瀬車道建設問題を踏まえた国立公園管理運営における合意形成過程の一考察」『ランドスケープ研究』Vol.10、日本造園学会、2017年

『いわつばめ通信』1〜42号、長蔵小屋、1969〜2001年

「尾瀬の歴史」〔年表〕公益財団法人尾瀬保護財団WEBサイト

むすびに

　ここまで全12章にわたり近現代日本の山岳観光について述べてきた。実をいうと、あらかじめ目指していた結論があったわけではない。山岳観光を素材にして、政治・経済・文化など色々な問題領域を論じることができるということ、そのための先行研究や史料は思いのほか豊富であり、もしこのようなテーマに関心を持つ人がいるならば研究の余地はたくさんあるということを示せたならば、それで十分と思う。とはいえ、浅いながらもそれなりに広く観察してみたいま、多少の所感が生まれているのも確かである。それについて簡単に述べておこう。

　まず、本書で述べてきた山岳観光の諸相は、いずれも「現代化」に関わるものだったのではないかということである。近現代を「近代」と「現代」に分ける考え方がある。その場合、「現代」は「近代」の下位概念であって「近代」の一部なのだという見方と、「現代」は「近代」とは別の時代であり、「近代」と「近世」が異なるのと同様に「近代」と「現代」も異なるのだという見方とがあるが、社会のあり方に大きな変化があったという点では一致している。日本でその画期がいつであったのかについては論者によって違いがあるが、日清戦後から両大戦間期にかけて経済と政治における様々な変化があったとされている（高嶋、2022）。近代化した日本は、息つく暇もなく現代化のステージに移行したということになる。

　そしてアルピニズムが近代の産物であるとすれば、明治初期にそれがヨーロッパからもたらされ、明治中期以降に日本人がそれを受容・実践し、そして

201

明治が終わるころ旅行団のハイキングなどによってそれが相対化されるという一連の流れは、いま述べたように近代化を達成した日本がちょうどその頃から現代化というべきさらなる変化を遂げていった過程と重なるのではないだろうか。

1910年代末から1920-30年代、つまり両大戦間期にかけて起きたアルピニズムの相対化は、それまで上流階級の人々だけが実践することのできた登山を大衆化することにつながった。序章でふれたとおり、山が「誰でも登れる」ようになっていったのである。「誰でも登れる」というとありがたみに欠けるきらいもあるが、それはそれで人類社会のひとつの到達点であったと思う。もっとも、戦前は戦後に比べればずっと格差の大きな社会であり、旅行団などに参加できた人々は相対的にはかなり豊かな人々であったが、そうした人々の生活スタイルや余暇の過ごし方は、戦後の高度成長期になるとより広い範囲の人々に広まっていった。ツーリズム登山とでもいうべき気軽な登山は、大衆が消費する娯楽の一つになっていった。

登山の大衆化を支えた物質的な条件は、交通機関の整備であった。近代化とともに導入された鉄道は、例えば小島烏水のアルピニズム実践に不可欠であったが、山の麓あるいはその手前までしか到達しない幹線鉄道だけでは大衆の登山は可能にならなかった。山岳地帯に分け入っていく支線や、急な斜面を登攀するケーブルカー、あるいはロープウェイ、または自動車道といった交通機関が1910年代末からの両大戦間期に多数建設されたことで、週末を利用しての日帰りあるいは1泊の登山が可能になったのである。時間の短縮は、旅行費用の軽減と装備の簡素化につながり、装備の簡素化は費用のさらなる低減にもつながった。

そして、大衆の登山は安全なものでなければならなかった。明治期におけるアルピニズムの実践者たちは自らの身体を危険にさらし、場合によっては命を失った。そのような登山は彼らが遺すべき資産をもっていたからこそ可能なものでもあった。それに対し、財産を持たない人々は必ず生還して仕事に戻らねばならない。公共交通機関の安全性確保は政府によって事業者に厳しく求められたから、山における安全は登山者が自身で守るというよりも事業者が当然に提供するものになった。宿泊施設も同様である。これを登山者から見れば安全

確保は当然に得られる「あなた任せ」のものとなり、事故などは意識にも上らないということになる。山はそうした意味でも「誰でも登れる」ものになった。

　このことは、人々の自然観を変えることにもつながったであろう。アルピニズムにとって、山は危険で恐ろしく、しかしそれを征服すれば強靭な肉体と自然に関する知識や教養をもたらしてくれる、それ自体が目的となるものであった。これに対し公共交通機関を利用した大衆の登山は、心身を強化し知識や教養を得ることも期待されたとはいえ、基本的にはリフレッシュ、固い言葉でいえば労働力再生産の手段であった。山は、暑さを逃れたり遊園地やゴルフ場またはスキー場として遊びにいったりするところとなり、そのためのサービスの売買が行われる場となった。霊山への参詣も娯楽の一種に化した。こうした傾向が強まると、やがて山は征服どころか保護しなければならない対象となった。

　この過程と並行して、山の管理者としての政府のプレゼンスが高まった。明治期までの山は、たとえ所有者が政府であったとしても実際の管理や利用は地元の地域社会に委ねられる部分が大きかった。比叡山のような霊山は、寺社と地域社会とが管理の主体であったとみてよい。山に立ち入ったり切り拓いたりする場合には、それらの了解をとりつけておく必要があった。だから、明治期のアルピニズム実践においては地元の案内人を雇う必要があったし、両大戦間期になっても霊山にケーブルカーなどを整備する際には寺社の了解が重要であった。しかし、1930年頃からは政府による保護や管理が強まっていく。国立公園などの制度は、当初は電源開発などからの自然保護を念頭に置いていたが、戦後の高度成長期には観光開発も自然を攻撃する行為と位置づけられた。国立公園や国定公園の開発には中央や地方の政府との関係が重要なものとなり、それゆえ政治の道具となる事態も生じたのである。

　それから、ジェンダーの問題についても触れておきたい。近代の産物たるアルピニズムが基本的に女性を度外視していたことには、どのような意味があったのだろうか。心身の過酷な鍛錬を通り抜けた先の高尚な地平を男性の占有物と捉える意識あるいは無意識は、「現代」に転じた後の大衆化した登山にも大きく暗い影を落としつづけたと考えられる。ここではそもそも消費する大衆というものがシステム化した社会のなかに埋め込まれ、主体性を失ってしまうという問題があるのだが、そうした全体のなかでさらに女性が従属的な位置づけ

をなされるという重層的な支配構造に注意を払っておかなければならない。ドライブにおける記号化された女性の表象は、それを端的に物語っていた。

　観光のような「楽しい」事柄を歴史研究の対象とすることの意味についても、もう一度考えておこう。筆者が専門とする日本近・現代史あるいは日本経済史研究においては、問題関心の根本を貧困や戦争といった誰の目にも明らかな苦難に置くことが多かった。その重要性はいつでも揺るがないし、むしろ今こそ高まっているかもしれない。だが、「豊かで平和」な世の中にあっても、人は、人間同士の非対称的な関係や、重要な選択を自らの意思でなし得ない状況、それからあいかわらずの事故や病気といった困難を抱えてきた。そうした困難の発現形態には、やはり時代の特徴が反映されているように思われる。それを見出すことができるならば、「豊かで平和」な社会も十分に歴史研究の対象たり得るだろう。

　観光というものもこのような視点から根本的に考えていくべきだと思うが、本書では十分に果たせなかった。内容的には「観光」の提供者に関する叙述に偏っており、観光客つまり消費者の側の分析はあまりできていない。これは今後の課題ということでお許し頂きたい。

　山岳観光は、これからどのようになっていくのであろうか。もちろん、社会が現代化を遂げたのちもアルピニズムが一部の人々によって受け継がれたように、そして前近代に起源をもつ山伏や修験者だってごくわずかながら現在もいるように、20世紀的なツーリズム登山もまた簡単に消滅することはないであろう。しかし、そうしたものが現れてから約1世紀が経過したいま、私たちはそれがいつまでも続くとは限らないことにも気づかされつつあるように思う。

　特に、過酷な自然環境を相手にした交通機関をはじめとする設備の維持は、今後大きな課題になるであろう。「はじめに」で触れたヴェスヴィオ山の例を出すまでもなく、日本においても火山の噴火や地震、洪水などによって施設が大きなダメージを受けることが、近年はっきりしてきた。2015-16年と2019年に箱根山の噴火警戒レベル上昇のため箱根ロープウェイが長期の運休を余儀なくされたことは、自然環境のちょっとした変化が人間にとっては一大事であることを、あらためて示した。経済成長の時代が終わり、膨大な人々を動員することで短期間に投資を回収することが難しくなったいま、自然という不確定

要素の多い環境下で装置産業を持続させるのは並大抵のことではない。

　一方で、「観光公害」という言葉が登場したように登山の世界においても
オーバーツーリズムの問題が顕在化しつつある。富士山では5合目まで鉄道を
建設して入山者数の制限に用いるという案が出ている。実現した場合、運賃は
相当な高額に設定される見込みであるという。経済格差が問題となっている現
在の状況では、富士山は「誰でも登れる」山でなくなるかもしれない。

　想像力に乏しい筆者がこうやって暗い見通しばかり述べ立てると、なんだか
山に登る元気もなくなってしまいそうであるが、明るい将来を構想できる読者
もいるはずである。本書で述べた歴史がそうした人に何らかのヒントをもたら
すことに、望みを託したい。

参考文献

高嶋修一「近代と現代 いまひとたびの時代区分論」松沢裕作・高嶋修一編『日本近・現
　　代史研究入門』岩波書店、2022年

あとがき

　私をよく知る人は、この本を見て驚くだろう。およそアウトドアやスポーツに縁のなさそうな私が、まさか山に関する本を書くことになるとは、自分自身、思いもよらないことであった。発端は立教大学の千住一氏と同名誉教授の老川慶喜先生を中心とする、鉄道と観光に関する共同研究グループに加えていただいたことであった。その成果は千住・老川編著『帝国日本の観光――政策・鉄道・外地』（日本経済評論社、2022年）に結実したが、プロジェクトの途中で「観光に関する叢書を出したらどうか」という話が持ち上がり、気がついたら「山と観光の歴史」をテーマに私が一冊を担当することになっていたのである。本書第7章のもとになった栗駒山観光に関する論文を発表したことが理由だったらしい。その後、叢書は「観光史」にフォーカスすることとなり、シリーズ名も「観光史叢書」と決まった。

　アルピニズムとは無縁なのでためらいもあったが、歴史研究には他者性を出発点としつつそれを自分のこととして引き取っていくという面があるのだから題材は要するに何でも構わないのだという、いささか行儀の悪い開き直りもあった。それから、思い返してみたら私はまったく山に登らない人間というわけではなく、登山鉄道やケーブルカー、それからロープウェイの類には国内外で結構乗っているのであった。これだって登山だ。というより、観光（ツーリズム）としての登山はこちらが本流なのではないか、と思い直した。アルピニズムに立脚した正統派の山岳文学は文壇のなかで確固たる地位を占めており、そういうものに伍して登山の歴史を叙述していくことは私には不可能である。しかし、ツーリズム登山を中心にすれば鉄道史研究などで培った勘も使えるだろう。そんな打算も働いた。

　ほかに筆債を抱えていたこともあってしばらく棚ざらしにしてしまったが、2021年度と2022年度に勤務先の青山学院大学で開講した「現代日本経済史」

という授業を利用させてもらい、執筆の準備を進めた。いまどきの大学ではシラバスを詳しく書かないと叱られるので、それで目次作成を兼ねることにした。最初の年は史料や先行研究を探しながらスライドをつくり、次の年はそれを文章化して草稿を作成していった。授業が終わった瞬間から次週の準備を始めるという自転車操業はなかなかスリリングで、正直なところしんどくもあったが、学生が熱心に耳を傾けてくれたり、日本経済評論社の新井由紀子さんが草稿にコメントをくださったりしたことが励みになった。

2023年度は勤務先の特別研究期間制度を利用して、原稿を仕上げる作業に時間を割くことができた。7月には上記のグループの皆さんのご厚意で草稿の検討会を開いていただき、多くのコメントを頂戴した。千住氏と老川先生にくわえ、メンバーの李良姫、林采成、高媛、杉山里枝、曽山毅、平井健介、渡邉恵一の各氏（順不同）に心よりお礼申し上げたい。草稿から原稿への磨き上げともいうべき機会を得たが、言うまでもなく本書の至らない点や残された課題、それから誤謬の責任はすべて筆者に属する。

原稿を仕上げていく過程では、ほかにも多くの方々のお世話になった。本書には地図をたくさん掲げることを心掛けた。国土地理院の旧版地形図を取り寄せ必要な情報を抽出したり加えたりしていったが、それらのトレース作業は、双文社印刷の城島浩幸氏にお願いした。線の太さや文字の配置、濃度の調節など、当方のイメージぴったりに仕上げていただいた。

地図以外の図版の掲載にあたっては、以下に掲げる諸氏および諸機関等にお世話になった。イタリアのリコルディ社、同社への連絡の労を取ってくださったカ・フォスカリ大学（ヴェネツィア）のアンドレア・レヴェラント氏、イギリスでWEBサイトを運営するジャッキー＆ボブ・ダン氏、岡崎市美術博物館、国立国会図書館、信州大学附属図書館、箱根町立郷土資料館、神奈川県立図書館、小田原市立中央図書館、立正大学図書館、公益財団法人徳富蘇峰記念塩崎財団、WEBサイト「アジア歴史資料センター」、立山黒部貫光株式会社、関西電力株式会社、株式会社電気車研究会、『鉄道ピクトリアル』編集部、くりでんミュージアム（栗原市）、河北新報社、神奈川近代文学館、九州大学附属図書館、京都大学桂図書館、神奈川県立公文書館、那須興業株式会社OBの川崎庚生氏、栃木県立図書館、栃木県総合政策部、那須町立図書館、那須町役場、

安全索道株式会社、志賀高原リゾート開発株式会社、日本ケーブル株式会社、旅の図書館、長蔵小屋。なお公刊されているもので所蔵機関等の許諾を要さずかつ著作権法による保護期間を過ぎている場合や、通常の引用の範囲内と判断した場合には特段の手続きを行っていないが、万一支障のある場合は版元を通してご連絡をされたい。

　貴重な時間を割いてインタビューに応じていただいた皆様にはここで改めてお礼申し上げる。那須興業 OB の川崎庚生氏と瀧澤三郎氏への聞き取りは、那須興業株式会社を通じて川崎氏をご紹介いただいたことがきっかけで実現した。箭内源典のことを教えていただくつもりでお尋ねしたのだが、お二人の経歴や「りんどう湖ファミリー牧場」および「那須ビューホテル」でのご経験そのものがとても興味深く、観光産業の歴史に関する貴重な証言を聞かせていただいた。加えて「ファミリー牧場」の施設内をご案内いただいたり、ビューホテルの跡地や箭内家の墓所をご教示いただいたりした。源典の名が刻まれた墓碑を探しあてたときには、これで没年を記すことができると手を合わせた。

　尾瀬・長蔵小屋の平野紀子氏と平野太郎氏へのインタビューは、山小屋の WEB サイトからの問い合わせに応じてくださったことで実現した。多忙なときに宿泊以外の用件で連絡をするのはご迷惑であったと思うが、寛大にもお返事を下さった。紀子氏の語り口や筆跡は快活で、ご夫君の故 長靖氏と共にいる半世紀前の写真のお姿そのものであったが、その明朗さの基底にあるものに思いを致しながらお話を伺った。ご子息で現社長の太郎氏にも同時にお話を伺った。太郎氏が経営を引き継いだ 21 世紀以降のことは歴史として扱うにはまだ新しすぎるのかもしれないが、一方で早くも四半世紀が経過しようとしている。機会があれば尾瀬の歴史をさらに書き継ぐ仕事に関わりたいという勝手な願いも芽生えている。

　佐伯宗義に関する文献を御恵与くださった佐伯洋氏にもお礼申し上げる。筆者の力量不足で本書には直接の引用ができなかったが、執筆の前提となるイメージの形成には大いに役立った。佐伯宗義は興味深い経営者であり、別の機会に改めて論じてみたいと思っている。

　実は、本書の執筆をきっかけにして少しは自分の脚で山歩きをしてみようという気持ちを抱くようになり、登山用品店で靴とリュックと防寒着を買い込ん

で 10 月初頭の尾瀬を訪れてみた。北の沼山峠から尾瀬沼に入り南の三平峠から抜けるという、上り坂をなるべく避けたコースである。黄金色のススキは曇天のため何となくぼやけた感じで、目の前に伸びていく木道にはひとけがない。その先に見えるスギは黒く沈んでおり、写真でみた盛夏の景色に比べると色彩に乏しかったが、そのくらいが私には心地よかった。長蔵小屋には WEB サイトから予約をいれたのみで事前には何も伝えていなかったが、平野太郎氏が私の名前を見つけて出迎えてくださった。翌日は尾瀬沼の周りを一周するにとどめ至仏山にも燧ヶ岳にも登らなかったし（たぶん無理だろう）、どうしようもない無知ゆえ目に入る植物の種類もさっぱり分からないような始末であったが、尾瀬に関わった人々への敬意を深めることはできた、ように思う。

これで山歩きにすっかり魅了されればよかったのかもしれないが、ケーブルカーやロープウェイも嫌いではないので順調に踏破が進んでいる。とくにケーブルカーは国内ではあと一路線だけが未乗というところまできた。ただ、その路線は遊園地のなかにあるので、中年男性が一人で訪れるのは少々きまりが悪いと二の足を踏んでいる。

さて、これは筆者にとって 3 冊目の単著である。骨太な研究書ではないが、研究活動の成果を共有したいとの願いに端を発し、上に掲げた方々とそれ以外の多くの方々のご協力によって上梓される。日本経済評論社の柿﨑均社長には、本書執筆の背中を押して頂いた。編集をご担当いただいたのは、同社の中村裕太氏と新井由紀子氏で、許諾関係の処理などのサポートは乙黒留美子氏にご担当いただいた。また、青山学院大学経済学部生の久古泰成氏には索引データの作成に協力して頂いた。若い時にお世話になった日本経済評論社の敏腕編集者・谷口京延氏はすでに鬼籍に入ったが、本づくりに賭ける彼のあのパワーを思いだしつつ本書を世に送り出したい。

2024 年 4 月

高 嶋 修 一

索　引

［わ行］

著者紹介

高嶋 修一（たか しましゅういち）

1975 年生。青山学院大学経済学部教授。
東京大学文学部卒業、東京大学大学院経済学研究科修了。博士（経済学）。著書に『都市近郊の耕地整理と地域社会』（日本経済評論社、2013 年）、『都市鉄道の技術社会史』（山川出版社、2019 年）、『日本近・現代史研究入門』（松沢裕作と共編著、岩波書店、2022 年）など。

山の観光史
The History of Mountain Tourism in Japan　　観光史叢書

2024 年 6 月 12 日　第 1 刷発行

著　者　高　嶋　修　一
発行者　柿　﨑　　　均
発行所　株式会社 日 本 経 済 評 論 社

〒101-0062 東京都千代田区神田駿河台 1-7-7
電話 03-5577-7286／FAX 03-5577-2803
E-mail: info8188@nikkeihyo.co.jp

装幀・オオガユカ（ラナングラフィカ）
印刷・藤原印刷／製本・根本製本

観光史叢書

山の観光史

ガチ登山じゃなきゃ、ダメですか？
登山鉄道、ケーブルカー、ロープウェイ、リフト、ドライブウェイ……。
大衆社会のツーリズムが日本の山を切り拓く。
「誰でも登れる」山岳観光史への招待。

高嶋修一著　本体 2800 円

〈以下続刊〉

関連書籍

帝国日本の観光──政策・鉄道・外地
千住一・老川慶喜編著　本体 4900 円
帝国日本の拡大はいかなる観光を生み出し、観光はいかに帝国日本を支えたのか。内地、台湾、朝鮮、満洲、青島の観光開発、誘致事業、メディア表象を史的観点からひろく検討。

ドイツ資本主義と観光
山田徹雄　本体 6500 円
ドイツ資本主義の空間的構成、地域の経済圏を基盤とする官民一体の地域間競争のあり方、国境を跨ぐ観光圏の存在、という 3 つの論点について観光客の動向から検証する。

近代日本の地域発展と鉄道──秩父鉄道の経営史的研究
恩田睦　本体 5000 円
秩父鉄道の設立から昭和戦前期まで、経営者・株主などの人的要素に着目しながら企業統治や資金調達を検討。鉄道が地域の産業発展や観光振興にもたらした影響を考察する。

日本経済評論社